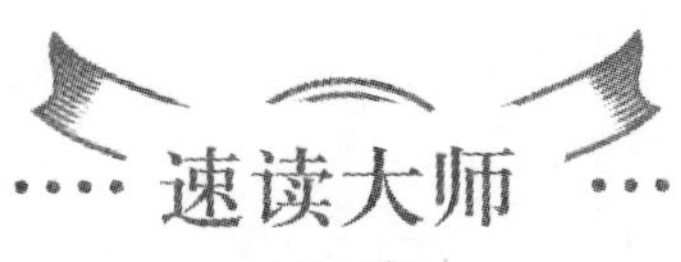

商业新闻出版公司和轻松读文化事业有限公司提供内容支持

创业新成长

浓缩书编辑部　编

中国盲文出版社

图书在版编目（CIP）数据

创业新成长（大字版）/ 浓缩书编辑部编. —北京：中国盲文出版社，2015.12

（速读大师）

ISBN 978－7－5002－6940－3

Ⅰ. ①创…　Ⅱ. ①浓…　Ⅲ. ①企业管理　Ⅳ. ①F270

中国版本图书馆 CIP 数据核字（2015）第 313858 号

本书由轻松读文化事业有限公司授权出版

创业新成长

编　　者：浓缩书编辑部
出版发行：中国盲文出版社
社　　址：北京市西城区太平街甲 6 号
邮政编码：100050
印　　刷：北京汇林印务有限公司
经　　销：新华书店
开　　本：787×1092　1/16
字　　数：70 千字
印　　张：12
版　　次：2015 年 12 月第 1 版　2017 年 3 月第 2 次印刷
书　　号：ISBN 978－7－5002－6940－3/F・108
定　　价：25.00 元
销售热线：（010）83190289　83190292　83190297

出版前言

数字文明为我们求知问道、拓展格局带来空前便利，同时也使我们深受信息过剩、知识爆炸的困扰。面对海量信息，闭目塞听、望洋兴叹固非良策，不分主次、照单全收更无可能。时代快速变化，竞争不断升级，要想克服本领恐慌，防止无知而盲、少知而迷，需尽可能将主流社会的最新智力成果内化于心、外化于行，如此才能更好地顺应时代，提高成功概率。为使读者精准快速地把握分散在万千书卷中的新理念、新策略、新创意、新方法，我们组织编写了这套书。

这套书旨在帮助读者提高阅读质量和效率。我们依托海内外相关知识服务机构十多年的持续积累，博观约取，从经济管理、创业创新、投资理财、营销创意、人际沟通、名企分析等方面选取数百种与时俱进又经世致用的好书分类整合，凝练出版。它们或传播现代经管新知，或讲授实用营销技巧，或聚焦创新创业，或分析成功者要素组合，真知云集，灼见荟萃。期待这些凝聚着当代经济社会管理创新创意亮点的好书，能为提升您的学识见解和能力建设提供优质有效便捷的阅读资源。

聚焦对最新知识的深度加工和闪光点提炼是这套书的突出特点。每本书集中解读 4 种主题相关的代表性好书，以“要点整理”“5 分钟摘要”“主题看板”“关键词解读”“轻松读大师”等栏目精炼呈现各书核心观点，崇真尚实，化繁为简，您可利用各种碎片化时间在赏心悦目中取其精髓。常读常新，明辨笃行，您一定会悟得更深更透，做得更好更快。

好书不厌百回读，熟读深思子自知。作为精准知识服务的一次尝试，我们期待能帮您开启高效率的阅读。让我们一起成长和超越！

目　录

伙伴关系的威力始于人们认识到没有一个组织可以单独存在。唯有与他人携手合作，才能享受成功的果实。认为可以凭一己之力达成所有目标的想法，纯粹是一种幻想。如果你认为自己的公司很成功，靠的并不是与他人建立伙伴关系，那你无异于在自欺欺人。

只要企业厘清目标，制订有吸引力的策略，营造创业的环境，备妥资金与人才，而且高层主管投入创新事业，把创新事业当作企业成长的动力，那么创新事业就能为股东创造财富。明智的企业无论规模大小，都会设计出多元且灵活的方法，整合各种资源，达成组织成长。

要在变化多端的市场中远离危机，最有效、最稳健的方法就是试验与应变。企业要顺应环境变化的浪潮。在任何产业中最优秀的业者都在持续投入某种创新之中。当生存受到威胁时，你就必须改变。

创新事业的成功秘诀就是专注。专注并不代表短视。我们并不是说，从你有一天醒来脑中有了一个构想，一直到把公司卖掉，你都只关心一项指标。我们要说的是在任何时候，你都会有一个比其他任何指标都还重要并且应该关心的指标。精实创业最根本的核心，其实就是要在适当的时间、以适当的心态专注于适当的事物。

和伙伴一起打天下

The Power of We

Succeeding Through Partnerships

原著作者简介

乔纳森·提希(Jonathan M. Tisch)，洛斯酒店的董事长，且从1989年起一直兼任CEO。他成功地将洛斯酒店打造为美国顶尖的酒店。他还担任旅游业圆桌会议组织主席，也是纽约市政府观光推广组织NYC & Company的理事长。

卡尔·韦伯(Karl Weber)，自由作家，经常撰文探讨产业现状及时事，曾与他人合著《微利高成长》及《他们的数字化经营策略》等书。

本文编译：李田澍

主要内容

是伙伴关系还是竞争对手

伙伴关系

从政界到非营利机构，只要拥有良好的合作伙伴关系，就踏出了成功的第一步。许多聪明的领袖都成功地运用合作伙伴关系获得成功。

美国前总统艾森豪威尔，在西点军校念书时并不出众，但他不甘于平淡，请调到福克斯·康纳将军麾下，后来两人成为师徒，犹如父子。艾森豪威尔得到良师 20 年功力及人脉，其后以此展开辉煌的政治生涯。此外，当今世界上最具影响力的组织——欧盟，也是集政治和经济实体的伙伴关系实例。欧盟不但有共同的旗帜、徽章、法律，能够在国际舞台上实行共同的外交和安全政策，还拥有可以在成员国内流通的货币——欧元。它通过统一货币的经济联盟，促使各会员国的物价差异缩小，进而促进各会员国的经济和社会均衡发展。但是有一段时期，欧元不断升值，欧元区以出口为主导的经济复苏、就业成长均受到抑制，这其实也显现出伙伴关系固然有百利，却不是毫无风险的。

竞争对手

竞争是指在市场上，两个以上的事业单位，各自以较有利的价格、数量或其他条件，共同争取交易机会的行为。在当今的商界，不论置身何种产业，如何在对抗中胜出，甚至仅是保持领先地位已经成为显学。但现今的竞争在很多时候已经不再是单纯的你输我赢关系，而呈现出既竞争又合作的关系，称为竞合关系。成功运用竞合关系的企业会重新定义成功。他们通常将许多竞争对手竞争的市场转换成一个共享的平台，就像在沙子中加入水泥，把共建平台变成更坚固更耐用的“混凝土”一样。这是将本身利益与整个产业结合，培养出一个产业经济体系。整个产业的业者形成互相结合的共生网络，而竞争对手也从中获益。如日本的 NTT DoCoMo，在推出 i-Mode 服务后，成为最早，也是最成功的移动无线信息服务商。但 DoCoMo 并没有因此自满，它反而将其与其他厂商的服务结合，建成一个信息服务非常强的平台，共同分享资源，让自己一个定位良好的业务成长为一个真正有分量的产业中心。

聪明伙伴关系

在今日复杂多变的商场，如何与其他个人、社区及组织建立并维系聪明的合作伙伴关系，已成为创造经济成长及缔造企业成功的关键。

拥有良好合作伙伴关系的诸多好处是显而易见的。尽管如此，大多数人及大多数组织，仍然难以建立并维系所需的合作伙伴关系。要成功建立真正的伙伴关系，必须抛开一己之私，致力于追求更大的利益。这样做与人的本性相违，实行起来确实有难处。然而你必须知道一个很简单的道理：一个人再怎么努力做事或威胁恫吓他人，所得到的成果都远不及和他人携手合作。

伙伴关系并不是什么新观念。许多政权的创建历程都很相似，一群人本着相同理念，联手打

造美好的基业，留给后代子孙。许多现代企业却忽视建立伙伴关系的技能。从各种角度来看，目前都是大家重新重视并发挥伙伴关系力量的时候。从政界到非营利机构，聪明的领袖成功运用合作伙伴关系并从中获益，已是由来已久的事情。现在，或许正是其他领域的人迎头赶上的时候。

关键思维

当不同的经理人、员工、社区、股东，甚至竞争对手联手起来追求共同目标时，所有参与者都将成为赢家。在这种领导模式下，跟随者不会走向分裂，而会团结一致；不会彼此竞争，而是相互支援；不再基于资源有限的零和思维，而是开始坚信资源是丰饶的——人类的才智及精力一旦得到释放，将会在经济、智慧及心灵各方面，创造出丰饶的果实。我们经营的洛斯酒店，从员工、顾客，到公司所在的社区，都因伙伴关系获得很多好处。个人、公司及任何形式的组织，几乎没有不从伙伴关系中获益的。

——提希

一　伙伴关系的力量

当你抛开一己之私，转而与他人携手追求更大的目标时，奇妙的事就发生了。当不同的经理人、员工、社区、股东，甚至竞争对手一起联手追求共同目标时，所有参与者都将成为赢家。成功的关键在于将过去对立的心态转变为合作的心态。

通过与商场其他成员建立、维系强有力的伙伴关系，企业可以获得可观利益，创造强大优势。伙伴关系创造的利益如下：

（1）伙伴关系减少甚至排除某些障碍——化潜在敌人为盟友。通过建立伙伴关系，大家可以认清一件事：成功对大家都有好处，成功是大家的共同利益。

（2）伙伴关系可以帮助你涉足新市场——通

过新伙伴的销售渠道，你可以接触新市场或建立新的关系。

（3）通过伙伴关系，你可以接近其他组织支配的资源、人才及优势——从而扩充现有能力，突破目前的限制。

（4）伙伴关系可以让组织的利益和社区的利益结合起来——将来只要有其他伙伴的好处，你也会跟着得利，反之亦然。

（5）伙伴关系促使大家释放出相关资源，共同追求一致目标——伙伴之间不需花时间、精力与金钱解决彼此之间的冲突。

（6）伙伴关系可以帮助你吸引产业中的顶尖人才——任何行业的一流高手都喜欢投身、效力于行事积极、注重商业道德并且待人友善的组织。

（7）良好的伙伴关系会创造更多机会，帮助你建立新的伙伴关系——以过去成功的伙伴关系为基础，不断建立新伙伴关系，从而形成一种良

性循环。

以上这些强有力也很诱人的理由，可以促使大家用心经营自己所需的商业伙伴关系。当你谨慎地许下建立伙伴关系的承诺后，仍需了解一件事：未来必定会面临很大的挑战。具体而言，你可能遇到以下挑战：

（1）伙伴关系是造假不来的——除非以待人如待己的态度真诚对待商场伙伴，否则不可能和任何人建立真正的伙伴关系。

（2）许多时候，建立一流的伙伴关系需要运用创意——你必须多花些心思，想出与众不同的生意手法，在避开潜在冲突的同时，促使大家追求共同目标。

（3）伙伴关系一定需要双方各有妥协——如果你不准备付出任何代价，却希望榨干对方最后一分钱，那几乎不可能建立任何有利于所有参与者的伙伴关系。

（4）你必须维持一贯的态度与承诺——一

旦建立特定伙伴关系，你就需向伙伴们兑现你的承诺，同时保证不会在未征询对方意见的情况下，擅自改变原有的承诺。

（5）伙伴关系需要弹性——你有时必须放弃自己的看法，接受伙伴的不同决定。

（6）伙伴之间必须坦诚以对——你必须心甘情愿分享信息，这样伙伴才能给你有实质意义的回报。

（7）最重要的是，你必须建立公平的伙伴关系——你从事的每一笔交易，都应考虑让所有参与者得到好处。如果你想利用伙伴关系压制对方，那么他一定会把自己的利益摆在前面，这样的伙伴关系很快就会解体。

这些做法听起来很不错，却不易实行。在现实世界，大多数企业能获得成功，伙伴关系确实功不可没。若是没有强有力的政府打造出商业基础建设，业者根本无从交换彼此的价值；若无现行制度、法规、可强制执行的合约等作后盾，企

业根本无法生存；若无现行教育制度培养出具备熟练或半熟练技能的新进员工，企业也无法生存。同样，现有社会不少民间团体、公共机构及其他组织，对企业获得成功也功不可没。

关键思维

◆在今天这样复杂的世界，除了极少数业务非常单纯的公司，其他绝大多数企业别无选择，非参与建立伙伴关系不可。你唯一的选择是以什么态度去建立你的伙伴关系：是有计划还是消极被动，是有效还是无效，是深思熟虑还是漫不经心。

◆你以为大多数人都把私利摆在第一位吗？或许在艰难生活的压力下，你已变得愤世嫉俗。即便如此，你也应试着敞开心胸，接受更积极，更有理想主义色彩的观点。事实上，人们也向往追求私利以外的其他更有意义的目标。

——提希

二　你需要的六大伙伴关系

在现今的商场，有效的伙伴关系并不是指大家仅仅为了求生存而进行的结盟。在运用伙伴关系时，你不仅能利用更多的资源，还能提升资源的品质。

你需要的六大伙伴关系为：

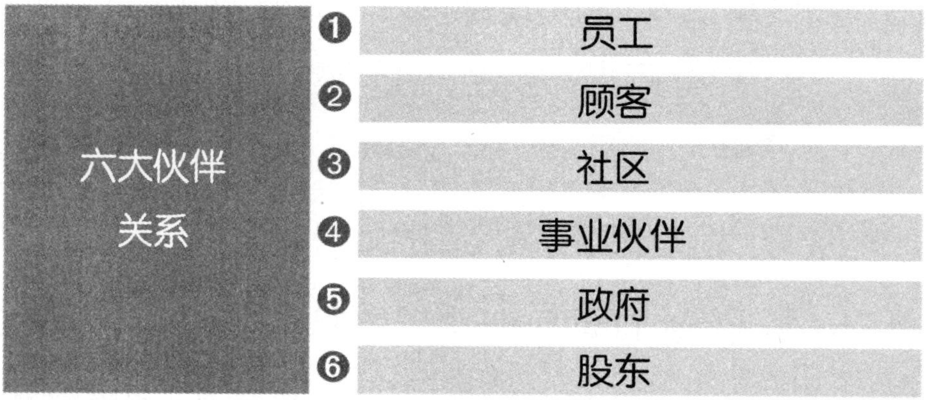

六大伙伴关系	
❶	员工
❷	顾客
❸	社区
❹	事业伙伴
❺	政府
❻	股东

员工

建立员工伙伴关系太重要了，非把这件事做好不可。如果为你做事的人并没有意愿和其他共

事者一同追求成功，那么你的组织是不会有什么了不起的成就的。反之，对那些已和员工建立牢固伙伴关系的组织来说，就没有什么东西能够阻挡其达成卓越成就。

要和员工建立牢固的伙伴关系，你必须先把三件最基本的事做对：

（1）精挑细选新进人员——你应当精心设计甄选程序，找到最适合的人加入组织。一般公司采用较方便的做法，以应征者是否具备出缺职位所需的工作技能与人格特质，决定要不要雇用他们，但很少从其他角度去思考招募新人的途径。实务经验告诉我们，实行一套真正有效的甄选程序是非常必要的：

◎资格审查面谈——在这个过程中，面谈人通过询问几个简单的问题，了解应征者是否具备出缺职位所需的人格特质。

◎更正式的结构性面谈——此时，应征者可以畅谈他们如何克服过去职业生涯中遇到的难题、一生的理想、职涯目标、人格特质及嗜好等。

◎是否适合该职务的面谈——由出缺职位直属上司和应征者进行面谈，以了解应征者是否适合从事特定职务。

（2）安排新进人员接受适当训练——投入时间、精力及资源，帮助新进人员学习所需工作技能。一般来说，可以通过一系列职前教育课程进行在职训练，给新进人员提供学习的机会。你愿意在员工身上投入资源，表示你将持续实践承诺，帮助他们在这里创造成功果实，相对降低其跳槽意愿。可行的话，不妨举行正式的职前教育毕业典礼，在新进人员的亲朋好友面前公开肯定他们的荣耀。这将是员工一生中难得的光荣与荣耀，他们将在工作岗位上全力以赴。

（3）论功行赏——除了提供具有竞争性的薪资外，你也需要多花一些心思去思考，什么样的福利津贴是员工最需要或最关切的。肯定员工在

工作上的良好表现往往能产生很强的激励效果，方法包括：

◎在不同办公地点举办每月优秀员工选拔活动。

◎当场奖励表现优秀的员工。

◎举办年度优秀员工选拔活动。

◎举办年度绩优人员表彰大会。

偶尔和员工一同用早餐，讨论次日、次周或更久以后的工作挑战，也是一件值得做的事。也可以读一封顾客的建议函，举办持续性的训练，或做一些足以鼓舞士气的事情，例如播放一段振奋人心的音乐。经常这样做，往往能鼓舞员工士气，增进同仁感情，激发工作热情。

为加强和员工的伙伴关系，一流企业采用“上下颠倒式”的管理模式——经理人把向员工提供所需工具与资源当成自己的主要职责，以帮助员工提高顾客满意度，为公司创造丰厚的利润。上下颠倒式管理模式意味着组织必须发挥创意，从现实角度解决问题，而不仅仅是投入金钱。此种管理模式要求管理阶层充分授权给一线人员，让他们成为拥有实权的决策者，管理阶层则是他们的坚强后盾。

关键思维

“员工第一”是我服膺的管理哲学。从表面看，“员工第一”与“顾客第一”的传统观念相违背，然而这只是表象。经验告诉我们，公司把员工摆在第一位，员工自然会提高顾客满意度。顾客感到满意，不仅会一再光顾，还会把好口碑传出去，为公司带来更多营收，创造更丰厚的利润。

——提希

顾客

如果你能让顾客变成你的伙伴，一同努力创造价值，那么你将拥有同业难以匹敌的独特竞争

优势。这是一项挑战，也是一个机会，如果你掌握了，业绩就能快速起飞。现今的顾客不仅见识广爱挑剔，其要求标准也在不断提高。今天的奢侈品明天可能变成可以期盼的福利，后天就变成民生必需品了。与此同时，顾客一方面希望业者推出低价的产品，最好有一些折扣；另一方面又希望业者提供定制化服务，以配合他们个人的口味、利益及偏好。

视顾客为伙伴必须做到以下 3 件事：

（1）由下而上沟通——以顾客口碑为营销利器，这样做远比传统方法有效。过去，业者一向认定顾客是被动的，因此只知道单向传递广告信息及进行营销活动。如果你能传达出亲和力强的公关信息，激起顾客对你产品的热情追逐，报纸杂志、广播电视和互联网等大众传媒，自然会争相报道。这当然需要发挥一些创意。一旦找到适合的诉求信息，产品曝光率将大大增加，这将比你自己花钱做广告便宜得多。

（2）重视顾客使用产品的体验——确保从顾客角度看，这是一次值得尝试的消费体验。久而久之，顾客体验将和你的品牌结合在一起，因此你应当持续努力，不断强化及改进顾客的消费体验。在实务上，这表示你可能必须从大处着眼，从小处着手，例如经常提供令顾客感到开心的小礼物，有时又对产品进行大幅度改进。经理人的主要职责就是要从多项要素中挑选出真正具有影响力的事项，设计出一套产品组合，让顾客产生一次难忘的独特体验。

（3）与顾客社区结合——基于利基市场关切的共同利益，研发出能够吸引该社区的产品及服务。要在这方面交出一张漂亮的成绩单，你必须花很多时间，深入研究特定顾客社区的生态，并和该社区居民经常沟通，甚至和他们共同生活一段时间。信息科技当然可提供一部分帮助，然而你自己建立的顾客资料库应当是最基本的工具。根据资料库，你可以制作一套详细的记录，帮助

了解现有顾客的偏好、消费形态、有哪些要求、来函或电子邮件、对顾客意见调查的回应等。深入分析顾客资料库，发掘顾客社区真正关切的事物，可以让你的事业在该社区如鱼得水。

关键思维

每一家成功企业都以顾客为中心，这个观念实际上就是自由市场经济的基石。洛斯酒店采用了不少营销及服务的特殊技术，但严格说来并没有什么独特之处，因为许多一流企业也开发出独特的服务手法，其本质都是一样的。

——提希

社区

回馈社区似乎隐含着这样的意思：企业从社区汲取资源，赚取利润后出于善心，将一部分利润还给当初供应资源的社区居民。这个意思其实传递了一个负面信息，即企业当初为了追求事业成功，其实做了一些有害社区的事。

为建立社区伙伴关系，洛斯酒店实施一系列行动方案：

（1）好邻居政策——包括捐助剩余食物给当地食物银行及无家可归者收容所，提供场地供非营利组织召开会议，捐出旧物品给当地收容所及资源再利用项目。

（2）好邻居委员会——由洛斯员工及当地社区人士共同组成团体，执行打造美好社区的方案，为有特殊需要的儿童或其他特殊聚会举办露营活动等。

（3）配合国家庆典举办年度美食大会——居民可以品尝最佳大厨的烹调手艺。

（4）年度社区慈善拍卖会——拍卖旅馆与居民捐赠的物品，所得款项用于社区慈善机构。

社区伙伴关系有一项很重要的工作：你必须详细记录及追踪自己参与的每一项活动。众所周知，企业只要真心投入特定的活动，就一定会得

到应有的收获与报酬。仔细追踪组织和社区建立伙伴关系过程的点点滴滴，也如同明白告诉你的员工，你是真心信守对社区的承诺的。如此做也能让全体员工明白，你看到了他们的付出。

关键思维

◆我宣扬以社区为企业后盾的伙伴关系，与回馈社区的观念有很大差异。每年盛装出席几场由慈善机构举办的募捐餐会，当场开支票捐款给主办单位，并非我所说的伙伴关系。我所说的伙伴关系，是了解社区需求，并负起满足这些需求的责任。一如其他良好的关系，从第一天起，真正的企业社区伙伴关系，一定会带给参与伙伴确切的利益。这种伙伴关系必须建立在共同利益、目标及责任上，即大家在追求共同目标时，都必须投入一定的金钱、时间、努力及其他资源。一旦企业与社区建立了伙伴关系，就意味着双方许下承诺，长期携手促进当地社会的健全发展及经济繁荣。有了这样的环境，企业才有可能真正达到成功境界。

◆组织使用了（或丢弃、浪费）了哪些物资与服务？你不妨花点时间检视组织内部供应链的运作流程，以了解是否可以避免某些浪费的现象。你可以用很少的代价，甚至不花任何成本，便可以安排将剩余物资赠送给有迫切需要的团体或个人，否则这些物资就会被白白浪费掉。

——提希

事业伙伴

从表面上看，为了共同利益而与商场其他业者建立伙伴关系，似乎有违我们对商场的认知，甚至觉得那可能是游走在反垄断法的边缘。所幸企业结盟的观念早已在商场普遍运用，这种做法也被世人普遍接受。

我们可以依照以下三种方法建立事业伙伴关系：

（1）建立联合品牌的伙伴关系——结合擅长

不同专业领域的企业，合作开发更具营销潜力的组合产品。餐饮旅游业就不乏这样的合作模式：某家旅馆以知名厨师为招牌，设立以该厨师擅长手艺为主要菜色的主题餐厅。在这个合作模式下，厨师得以提高知名度，旅馆则可借此大作公关。其他行业也有类似的做法，只看大家如何发挥想象力。

符合以下条件时，最能发挥联合品牌的威力：

◎参与合作的两个组织，其价值观与特质有相容性和共通性。

◎由心胸开阔并能够触类旁通的人全权负责建立这种伙伴关系。他们在组织里很有分量，能够动员所需资源，促使伙伴关系发挥应有作用。

◎参与合作的双方公平承担应尽的义务、应负的责任及享受利益。

◎合作协议有一定弹性，可以随着环境变迁作调整，让伙伴关系不断成长，而不会变成财务或管理上的负担。

（2）发展社团式伙伴关系——由不同竞争者推出足以促进整个产业的联合行动方案。若有足够多的同业暂时抛开私利，追求共同利益，就可以缔造令人印象深刻的成就：

◎在公共议题上，他们将发挥很大影响力，让政府知道他们有哪些主张。

◎产业知名度将随之提升。

◎可能出现某些重大商机。

◎有机会深入了解整个产业。

（3）民间伙伴关系——同在一个城市或社区的企业，共同努力促进社区经济繁荣。洛斯酒店积极参与 NYC & Company 的各项事务。该组织是一个非营利机构，目的是吸引更多人到纽约市来旅游。该机构共有 1600 个企业赞助会员，定期举办美食周活动及全国性活动（如美国职业篮球明星赛、共和党全国代表大会），推动特别项目（如促成纽约市申请 2009 年美式足球超级碗及 2012 年奥林匹克运动会主办权)。这些活动既是机会也是挑战,若没有民间组织提供有力的襄助,包括贡献组织成员的时间、智慧及资源,纽约市恐怕是不会主动开展的。

关键思维

◆你能通过伙伴关系给顾客提供哪些与众不同的利益?你如何通过建立伙伴关系,开发同业难以匹敌的产品或服务,从而从侧翼打败你的竞争对手?不妨召开头脑风暴会议,讨论哪些"梦幻组合"能够真正让顾客满意,再设法确认什么样的伙伴能帮助你实现这个梦想。

◆商场伙伴关系如同婚姻关系:有时,这种关系可以维持一辈子;有时,由于缘分已尽,双方关系到了该自然结束的时候。关系结束时,与其愤愤不平,彼此恶言相向,甚至诉诸法庭,还不如用成熟的态度去面对,大家好聚好散。

——提希

政府

不管你喜不喜欢，政府确实会影响你经营的事业。因此，你应当用负责任的态度，尽可能参与政府制定政策的过程。最好的方法就是与政府机构发展伙伴关系，这有助于将你的影响力扩至公共部门。

洛斯酒店与政府机构及其他组织建立了如下伙伴关系：

（1）洛斯酒店参与创立了涵盖全球 100 家最知名旅游及观光业者的世界旅游及观光会议，为全球商界领袖提供一个讨论相关议题的论坛。其成立宗旨是增进世人对全球旅游业面临的重要议题的认知。目前，全球旅游业每年缔造价值 4.2 兆美元的经济活动，约等于全球各国生产总额的 1/10。全球每 13.2 个就业机会中就有一个是旅游工作。世旅会因而向政府游说：

◎制定一套合理公平的税制。

◎促进贸易、旅游及通信自由化。

◎人民需要接受适当的教育。

◎政府应持续努力发展旅游观光业。

（2）洛斯酒店参与促进工作伙伴关系福利计划——由民间企业和美国政府共同出资成立的就业计划，以确保领取社会救济金的人能够获得所需的职业训练，帮助他们重返职场。这项计划也提供其他配套服务，包括教导人们学习所需的工作技能及生活须知，例如如何保持收支平衡，如何存钱，如何针对未来需要作投资等。这项计划与配套服务是为了减少人们对社会福利的依赖，并帮助大家重返职场。

（3）洛斯酒店也参与成立若干社区发展合作基金。这类非营利组织补贴部分金钱，帮助小公司雇用低收入市民，或在贫民区开店，给当地居民提供更多就业机会。另外，洛斯酒店与美国财政部、银行、保险公司及基金会合作，配合社区发展合作基金的需要，给社区提供所需的职业训练及其他支援服务。

（4）洛斯酒店推广小额创业贷款活动，金额自100美元起，鼓励大家在世界上最贫困的地区创业。获得贷款的创业者可以运用这笔钱创立小规模事业，赚取利润补贴家用。美国行动国际就是推广小额创业贷款活动的先驱。

关键思维

古谚有云，打仗光靠带兵的军官是不够的。同样，在今天这样复杂的世界，政府要制定出一套成功的公共政策，光靠政府官员是不够的。最好的想法需要与最丰富的资源结合，这些资源往往来自社会各个领域——学术界、小企业、社区组织、民间基金会、大企业及政府。为有效应付最艰难的挑战，政府应从民间部门汲取资源。除了关心自己公司赚多少利润外，企业领袖也应以企业公民的身份，参与相关公共议题的讨论，帮助政府缔造更适合企业及其员工生存发展的环境。

——提希

股东

在资本体系里，出资人——提供资金帮助建立企业的人，是企业运营不可或缺的要素之一。很明显，出资人只要对自己投资企业的表现感到满意，就会源源不断供应更多资金；反之，他们就会把资金转到其他更有发展潜力的企业。为使企业持续经营下去，你必须和投资人建立并维系强有力的伙伴关系。最好的方法是强化与每一位股东的伙伴关系，而不要只偏重其中一两位。

经营企业的目的无非是创造长期价值。这表示，你不能有不智之举，即便有的做法能产生短期利润，对长期而言仍不足取。要获得长期成功，你提供给顾客的产品与服务，必须包含以下三项要素：

◎让顾客获得好价值。

◎为员工提供事业机会，回报他们。

◎为公司创造利润。

如果投资人与实际经营者关心的利益与追求

目标不一致，那么问题就严重了。因此，企业制订所有重大事业决策时，都应多听听投资人的意见。当然，总有一个人要为最后结果负全责。要在各个股东之间取得平衡确实不易，经理人不妨参考以下做法：

（1）制订一套健全的财务规划程序——以正确反映股东需求，维持事业顺利运作，并促进事业持续成长。

（2）尽可能尝试吸收熟悉当地商业情况的人，让他们变成你的股东——充分利用他们既有的商界人脉关系。你也可以通过他们的帮助，更智慧、更精明地进行投资。

（3）精明、谨慎地定义你希望进入的市场——你对市场的定义将对你经营的事业及投资人产生深远影响。例如在20世纪80年代，IBM将其核心事业定义为电脑时，业务一直施展不开。后来，管理层决定让信息成为该公司新的经营重心，业绩立刻突飞猛进。同样，你如果将事

业限制在过于狭窄的范围内，就可能错失许多大好商机。当然，你也不能矫枉过正，一心想包山包海。你如果将事业范围定得太广，就可能超出自己的专业能力及竞争优势，从而进入自己不擅长的陌生领域。成功的关键在于找到一个适当的平衡点。

（4）多花一些时间认真思考一件事：你自己准备置身于信息科技的什么位置——你是要走在信息科技的最前端，还是认为自己最好跟随市场脚步，直接购买其他公司已做过完整测试及分类的解决方案。你最好找出钱的投资人好好商量这件事，以确保在使用信息系统这个议题上，你们的想法是一致的。

（5）在集中管理与分权管理之间找到适当的平衡点——组织既可享有让股东作出最大贡献的好处，也不会丧失授权的优点，即让拥有最佳信息的人制订重大决策。

关键思维

◆你的组织隶属于某个规模更大的实体组织吗？如果是的话，你有没有分析过，你与这个组织建立伙伴关系的优缺点各是什么？请试着分别列出优缺点。接下来，你可以试着权衡轻重，看看优点是否多于缺点。假如优点比缺点少，你可以试着增加优点，减少缺点，或双管齐下；不然，你也可以考虑和这个组织脱离关系，尝试独立运作。

◆伙伴关系的威力始于人们认识到没有一个组织可以单独存在。唯有与他人携手合作，才能享受成功的果实。然而伙伴关系管理探讨的范畴还不只如此。在这个课题下，我们必须重新定义传统商业关系，将其从对立转变为合作。基本上，这意味着我们必须把过去的商业观念，亦即“货物售出概不退换”的购买须知，改为新的金科玉律——“己所不欲勿施于人”。我们面对的现实是，所有成功的企业，或多或少都依赖社会

与政府的资源。认为可以凭一己之力达成所有目标的想法，纯粹是一种幻想。如果你认为自己的公司很成功，靠的并不是与他人建立伙伴关系，那你无异于在自欺欺人。

——提希

三　建立伙伴关系

不管你进入哪种行业，或从事哪种职业，一旦学会建立、维系灵活有效的伙伴关系，你就能大大提高职场成功率。你不要凡事靠一己之力，而应善用伙伴关系实现梦想。

以下建议可以帮助你在职场上出人头地：

（1）千万不要用“我”作为开场白——永远试着从他人角度切入任何一个议题，千万不要一再强调自己的重要性。不论是写电子邮件或商业报告，尽量避免用“我”作为一句话的起头。请记住，在你的职涯中最重要的不是你自己如何如何，而是你能否通过与他人建立伙伴关系，达成所有值得大家全力以赴的美好事物。良好的伙伴关系一定会让所有参与伙伴获益，不会只有一个人得利。

（2）仔细倾听他人说话——要记住，当你开口说话的时候，是不可能听见其他人说什么的。要成为一名好听众，你应当尝试体会他人的感觉，了解他们真正关切并渴望得到的事物。试着读出弦外之音，试着辨别一个人说的是什么，心里真正想的又是什么。若能培养出敏锐的观察力，你在职场上将无往不利。当然，前提是你必须是一名出色的听众。你可以学学这个很有效的方法：在提出个人观点之前，不妨复述一遍对方说过的话。这么做不仅显示你重视对方所说，也可避免日后发生误解。

（3）尽一切努力创造双赢局面——只要上了谈判桌，就要为双方利益努力达成协议。永远想着如何从对方身上榨取最后一块钱的人，不是好的谈判者。到头来，大家一定会厌倦这种利己不利人的狭隘心态。你不妨冷静下来，问自己下列问题：

◎ 从对方角度看这是否是一次成功的谈判？

◎对方从这次谈判中得到了哪些东西，他们会感到满意吗?

◎这次谈判有助于双方关系进一步成长吗?

◎这次谈判是否为将来双方进行金额更高、条件更有利的交易奠定了良好基础?

任何一次谈判，你的目的都应该是为建立长期伙伴关系奠定更好的基础，让双方都得到利益。你要期望谈判对手成为你的盟友，而不是变成敌人。或许未来有一天，你在经营上遭遇困境，你的盟友会想到你曾经帮助他，因而愿意对你伸出援手。千万不要因为曾经被人占了便宜，就认定互利的伙伴关系太过理想化。你很快就能分辨谁是那种为达目的不择手段的人。对这种人，最好敬而远之。大多数人都认同让参与者共享利益的做法，将来若有需要，也愿意伸出援手帮助他人。

（4）做好事前准备工作——对情况一知半解，将对事业经营产生负面影响。以下方法可以帮助自己养成边做边学的好习惯：

◎参加有用的课程与研讨会。

◎经常阅读商业报纸、杂志及书籍。

◎每周腾出数小时，加强、拓展专业知识。

◎成为所属领域的专家，抓住机会向产业领袖请益。

◎多花时间与精力向生意往来伙伴请教，彻底研究产业内外各种事物。

◎深入了解自己的组织，学会如何阅读财务报表，以了解哪些因素对获利的影响最大。

◎了解自己最擅长的项目和最欠缺的才能。想办法与其他人建立伙伴关系，以弥补自己的弱点。

◎比别人更努力工作，让自己不断进步。

（5）让自己变成媒体宠儿——懂得如何在众人面前清楚表达自己的观点。如果你在镁光灯下有出色表现，上级将会赋予你更多责任，对你也会更加信任。一定要做好事前准备。事先想好，你希望在媒体面前展现什么样的个人形象及专业形象。把记者找来告诉他们，你的组织如何运用各种伙伴关系在商场上竞争。面对新闻记者，如果你应付自如，你将成为组织的宝贵资产。

（6）发挥创意——学习颠覆式思考方法，从外到内，从内到外，或用旁敲侧击的角度思考。今天，几乎所有人都称得上是术业有专攻，因此要出人头地，你必须具备另一项利器。而最特殊最有发展潜力的利器，就是在为人行事上发挥与众不同的创意。要变成有创意的人，不一定非得通过复杂的训练，可能只需运用以下简单方法：

◎试着将用于甲领域的某个构想、技术、策略或程序套用到乙领域。

◎通过不同或新的方式，尝试应用现有的技术。

◎检视现有店面，看看能否用一些简单措施，让店面看起来更明亮，更吸引人或更活泼。

◎采纳生意伙伴提出的建议，提高做生意的

技巧。

（7）授权他人——促使大家贡献心力，帮助自己达成目标。如果你一手包办所有事，你能达到的成就很有限。运用伙伴关系达到的成就将远超过你的想象。授权成功的关键在于你必须允许伙伴使用他们最擅长的方法达成目标。这就是授权的精髓。你不能要求伙伴服从每一个指令，你必须让他们作出最佳决策，这才是人们实行授权管理的最大理由。你可以提供咨询与建议，但必须放手让伙伴去做他们专精的事。落实授权是通过有效伙伴关系达成目标的唯一途径。你应当创造一个鼓励大家互信的工作环境，真正落实授权管理。

（8）强化个人品牌——创造个人传奇。建议你从非常个人化的角度，思考自己的名字代表何种意义，然后决定采取什么行动，以强化大家对你个人品牌的认知。在职场上，你应设法尽一切努力强化你的个人形象。

（9）不要担心从最基层干起——如果那是你进入理想组织的唯一途径。在工作岗位上尽责，是强化你个人未来价值的不二法门。任何一个职位都会给你提供很宝贵的机会，帮助你学习新技能，尤其是沟通、规划及组织方面的能力。即使你一开始从事的工作不符合自己的长期兴趣，你也可能学习到将来所需的工作技巧。此外，你还可能交到新朋友、遇到名师或看到典范人物，因此不要犹豫，赶紧接下不错的工作机会吧！

（10）不要忽略细节——小地方往往能影响一个人的职涯发展，不见得一定要是重大事件。有时，连履历表上的一个错字都有可能让人产生误解。慢工出细活，要多花心思检视工作内容。谚语说得好："完美在细节中。"但完美绝非只有细节！

（11）利用每一次机会建立个人人脉关系——你不知道新机会会在何时、何处出现。在伙伴关系里，大家将个人利益暂时摆在一边，携

手追求共同目标。你认识的人愈多，将来和他们一同参与有趣又有建设性工作的机会也相对增加。建立个人人脉关系，表示你会关心他们，并想办法与他们一起参与对大家都有益处的项目。如果你怀有这种心态，人人都会愿意帮助你，回报你。

（12）善待他人——要身体力行这个金科玉律。善待他人指的不仅是以礼待人，遵守公司规定或法规，事实上，善待他人的意思是，要大家经常试着从伙伴角度看事情，以了解伙伴的真正需求，并为伙伴设想该如何从现实层面解决问题。只要你帮助他人在事业上有所精进，你自己的职涯就会更加顺遂，因为所有人都抢着来当你的伙伴。你将发现，这种成功带给你的满足感会远远超过名气或财富。

关键思维

◆你曾尝试从顾客角度到你的组织经历同样

的消费体验吗？这应该是所有领导者的例行工作。具体来说，领导者应该上公司网站，打电话给柜台服务人员，乔装顾客到代理经销商处询问，或到任何一个零售点要求现场人员提供服务。你可能对一般顾客感受到的消费体验（有好有坏）大感吃惊，你当然也会发现，现有业务有许多可以改进的地方。

◆国内或国际趋势是不是会影响你所属的产业或组织？各级政府制定的政策是否会对这些趋势产生影响？如果是那样，你应当结合同业力量，积极推动你希望出现的变革。在说服同业时，不只要强调对产业的好处，更要强调对整个社区的好处。

——提希

创业投资拼成长

Venture Catalyst

The Five Strategies for Explosive
Corporate Growth

原著作者简介

唐纳德·劳瑞(Donald Laurie)，毕业于美国的哥伦比亚大学，为欧斯特国际管理顾问公司创办人兼董事长，曾任职于美林证券下属的黎拓国际企管与技术顾问公司以及施乐公司，也投资许多创投事业，并担任其中多家企业的董事，著有《火线上的管理智慧》等书。

本文编译：李振昌

主要内容

创新与成长

创新

为了通过创新培育成长力量，组织会投入资金或资源成立策略性部门，即创新事业。创新事业可能是企业、部门或是项目团队，例如衍生公司和臭鼬工厂等，也可能是企业成立的创投公司。日本在国立大学法人化之后，许多大学也通过成立创新事业，使用学校开发的知识产权。大学的创新事业可以用股票或认股权，向校方支付知识产权使用费。学者在履行公职的同时，也从事校内创新事业的营利工作。另外，美国的硅谷从 20 世纪 90 年代开始出现公益创投模式，由非营利部门投资成立创新事业，从非营利资本市场募集资金，以提升社会福利，夯实经营基础。

企业成立创新事业，可以达成下列策略目标：

◎进入新市场。通过设立新品牌或者新公司开拓差异化市场，多采用策略结盟与并购方式。

◎开发新产品。测试市场对新产品的反应，避免开发风险，常利用创投方式。

◎学习新技术。通过创投方式向创新企业学习，了解新技术的原理与开发流程。

◎阻断竞争对手。让创新事业壮大，吃下整个市场，避免潜在竞争对手进入市场。

◎炒热市场。与竞争对手共同开拓市场，建立既合作又竞争的关系，制造市场话题吸引消费者注意。

◎资源互补。由创新事业负责发展企业需要的上下游产业，降低成本并且维持供货稳定。

◎探索新事业。投资不同创新事业，保有对产业环境的敏锐度，同时降低开发风险。

◎提升创新能力。以内部创业的方式，鼓励员工开发新技术，奖励新构想。

◎维持创业精神。通过创新事业注入创业精神，打破以往成功模式，避免组织僵化，让企业保持活力。

成长

我们常听到“企业不成长不扩张，就没有竞争力”，也常听到“投资股票，要选成长股”的说法。到底什么是追求成长？是扩大规模追求营收，还是追求市场占有率？全球华人竞争力基金会董事长石滋宜认为，要思考成长背后的意义，可以从两个层面来思索：

◎外在的满足。就是不断追求实质利润，取得财务报表上的成就感。获利是企业生存的根本，但是必须避免用不正当的手段，要坚守诚信伦理。

◎内在的满足。让经营者、员工与股东都感受到这家公司是有意义的事业，员工也受到尊重，可以发挥所长，享有成就感。企业在追求成长时，要在这两个层面取得平衡。

创新事业

无论景气与否，企业领导人都有责任达成下列两项目标，虽然这两者有时是互相冲突的。

这两项目标分别是：

◎每季达成（或是超越）股市期望的表现。

◎开发新技术与产品，奠定长期成长的基础。

为了兼顾这两项目标，许多企业会采取保守的做法，尝试延伸产品线或是扩张到新的国际市场。实际上比较理想的做法是积极建立新事业。说得更明确一点，企业如果在经营现有业务的同时，开创并且经营创新事业，那么营收与获利都能够获得大幅成长。要运用创新事业促进企业成长，有5项基本策略（见下页图）。

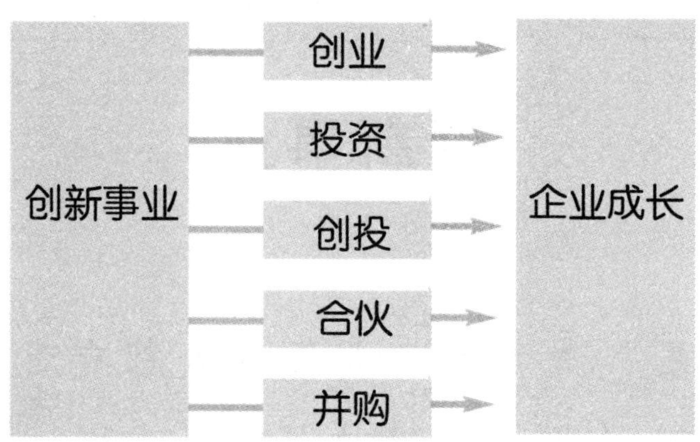

总而言之，创新事业能够大力推动企业成长，这不只是对创新企业有效，大中型企业也同样适用。即使这种成长策略知易行难，但是绩效导向的企业领导人还是会善加利用，为企业创造可观而明显的成长。

一　创业

创业是企业在经营现有业务的同时，在内部设立并且经营创新事业。这样就可以由现有业务负责达成股市对每季绩效的要求，而由创新事业负责开发下一代产品与服务，那会是企业未来的营收来源。

优点

(1) 下一代事业的经理人可以向现有业务部门的经理人请益，了解重要的市场现象。

(2) 可以观察顾客有哪些需求没有得到满足，或者注意到市场上有哪些现象是业外人士不容易发现的，这些都是获得卓越的下一代事业构想的方法。

(3) 可以安排对新构想有热忱的员工，进入下一代事业部门工作。

（4）可以采取下列5项严谨的程序，打造突破性的事业：

◎吸收新知，了解相关产业趋势。

◎判断新构想有没有市场。

◎开发原型产品，分析产品的实用性。

◎证明新产品的经济效益。

◎推出新产品，并且商品化。

（5）如果企业决定放弃创新事业，可以把员工重新分派到组织内其他部门。

缺点

（1）项目经理人必须兼具经验以及创业天分，要找到合适的经理人并不容易。

（2）创新事业需要跨部门的团队，以处理营销、技术与生产等各项营运工作。要组成适当的团队会是一大挑战。

（3）在企业内部设立创新事业可能造成紧张对立，或出现对市场发展的看法分歧以及策略选择的争论。这些内部纷扰可能波及其他领域。

（4）创新事业在成长过程中会发生各种问题，企业高层可能认为处理这些问题是在浪费时间，因而宁愿处理现有业务。

（5）没有参与创新事业的员工或许会认为新事业是否成功与己无关，不会影响自己的收入。

（6）新事业必须打破其他部门遵守的各种规定，这也可能引起内部失和与不满。

（7）由于企业高层不再把全部心力放在现有业务上，竞争对手可能有机可乘。

成功的关键

（1）了解产业的历史、经验与文化——观察创新事业所属的产业在过去10年出现多少个10亿美元级的企业，而自己从这些企业成功与失败的经验中又可以学到什么。比较大破大立与稳扎稳打两种营运模式，评估哪种模式成功的机会更大。

（2）设定实际目标——明确订出新事业要达成的营收目标，并界定营收目标、市场规模、预期成长率的关系。设定的目标要有挑战性，但也必须有可行性。

（3）重新思考组织架构与管理模式——从新创事业自主的程度、母公司高层主管的角色以及实际决策权归属等方面，考虑新事业部门适合的管理模式。

（4）投注资金，并且明确订出绩效评价标准——除非企业实际投注资金，否则员工不会认真看待内部的创新事业。企业应该事先决定要投入多少资源、什么时候到位以及将来评价资源运用成效的标准。

（5）进行基础建设并建立支援体系——全面检视各个重要的营运事项，例如人员编制、培训、员工薪资以及组织能力等，事先决定如何处理这些事项。

（6）了解创新事业的运作程序——创投业者不会奢望自己每一项投资都成功，但是会寻找各种可行的事业构想。好好思考怎么把同样的概念运用到内部创新事业上。

（7）让组织成员自己选择要不要进入创新事业部门——经理人不应该硬性指派员工投入创新事业，应该鼓励热忱与技能兼备的员工自愿参加。

关键思维

在 1990～2000 年，光是纳斯达克就创造了 3 兆美元的新财富，这些财富大多是创业家与创投业者靠着设立或投资创新事业创造出来的。这些创新事业很快就成长为创造价值的引擎，但是在这波惊人成长之中很少看到大企业的身影。不过，有些大企业已经成功建立下一代事业。康宁公司有 84％的营收来自其近 5 年开发出来的产品。康宁的高层主管可以说把公司资源全都押在光通信革命上。科学仪器制造商热电子公司在全盛的 15 年间，采用将企业部门独立为新公司的策略，成立了 23 家创新事业。年轻工程师如果在进入公司的前 5 年还没有开创新事业，就会自认为失败。这两家企业都是在企业内部开创下一代事业的范例，他们善用自己在技术、生产与营销方面的知识，开创新的事业。

——劳瑞

二　投资

公司可以设立创投团队负责策略性投资（就像创投业者的角色），或者单纯用资金等资源，直接投资独立的外部创新事业。

优点

（1）企业可以借此发现有发展潜力的新兴市场，也可以接触到新的技术与营运模式。

（2）投资外部人才可以形成良性竞争，激励内部人才达成更杰出的表现。

（3）可以建立新的企业关系，扩大人际网络。

（4）可以找到潜在并购对象或策略结盟伙伴，并且密切观察。

（5）新构想可以移植到原有业务，例如外部创新事业开发的信息技术，或许就可以应用到内部其他部门，提升营运效率与生产力。

（6）外部创新事业可能创造营收与盈余，获利表现还十分靓丽。

（7）外部创新事业可以执行与母公司不同的策略。

缺点

（1）很难判断市场接不接受新技术，也就是说，许多初期投资不会有任何投资报酬。

（2）创新事业通常缺乏必要的管理技能，无法扩大业务规模。结果可能造成创新事业忙着让自己免于亏损，没有余力拓展业绩。

（3）市场上随时可能冒出革命性技术并且成为明日之星，以至于目前研发的技术被淘汰。

（4）新技术的研发人员大多不太在意制造流程与品质控制，但若要大量生产，这是十分重要的。

（5）投资不适用的技术可能减损原有的品牌价值。

（6）新技术上市花费的时间永远超过预期。创新企业总是会低估自己执行事业计划要花的时间（如果有事业计划的话）。

（7）即使企业投资眼光独到，还是有可能看走眼，投资的技术就是不受市场欢迎，因此必须定期剔除不成功的投资。

成功的关键

（1）厘清公司从事外部创新事业的意愿——因组织的传统、在相关产业的表现以及过去的经验而有所不同。务必要清楚了解公司承受风险的能力。

（2）清楚界定公司的目标与发展重点——清楚说明投资目标，才能为创新事业订出发展主轴，并且界定业务范围。这样，以后只要出现新的商机，就可以依循先前决定的重点发展。

（3）决定营运部门在每项投资中扮演的角色——许多企业人事精简、效率卓越，并且全力追求市场表现。相对地，创新事业动不动就会改变发展方向，即使必须舍弃过去研发的努力也在所不惜。如果不事先决定营运部门与研发部门的角色，就可能造成冲突。

（4）规划适切的管理制度与流程——外部创新事业的经理人必须深入了解创新事业的各项步骤。这些步骤需要的组织能力、评价标准、制度、流程，都应该跟企业原本采用的方法不同。

（5）明确制订未来的评价标准——企业如果不能厘清自己从事外部创新事业是为了达成什么策略目标，就会造成许多员工目标不清。此外，企业也必须依据策略目标投注适用的资源。

关键思维

上市公司经理人会陷于两难：除了必须达成每季的绩效目标之外，还要证明自己有能力带领企业迈向未来。经理人往往无法兼顾投资人的这两项要求。企业的长期投资有时候会妨碍短期绩效表现。例如，我们曾建议投资一家通信产品与

服务公司，该公司产品线丰富，每季盈余也很稳定。与此同时，我们也准备随时撤资，因为我们担心该公司推出下一代产品的能力。一旦现有产品乏人问津，市场喜好又开始转向，我们就会放弃这家公司。我们不认为这家公司拥有足够的技术或是开发新产品的能力。

——查尔斯· 威侯，摩根大通银行分析师

三 创投

企业跟成功的创投业者进行策略性结盟，企业扮演的角色是被动投资，只提供资金，所有投资决策都交给创投业者。

优点

（1）企业可以针对所属产业的特性，进行相关的投资，让企业有机会进入新兴市场并接触新技术。

（2）可以产生综合效应。企业对消费市场十分了解，而创投业者可以带来有吸引力的合作机会、快速发展的动能以及可靠的投资眼光。

（3）创新事业需要管理技能与辅导，创投业者能够提供这方面的协助，企业在这方面通常表现得不够称职。

（4）跟创投业者合作，母公司员工可以学到

创投业者选择标的与投资的技能，日后也可以把这些技能运用在其他工作上。

（5）创投业者会谨慎计算风险，这一点是大型企业主管力有未逮的地方。大型企业跟创投业者策略结盟，能够确保公司的投资成果水涨船高。

（6）创投业者可以利用企业的资源，协助他们评估新的事业构想。

（7）企业可以用优惠的条件，取得创投业者投资的新技术。

（8）企业内部的研发计划如果没有竞争力，企业可以预先得知。

缺点

（1）企业投注资金在不能变现的资产上，不但无法管控或处分，而且对投资结果不必负责，这种做法可能引起股东质疑。

（2）市场有好有坏，在市场低迷的时候，企业可能面临巨大压力，不得不放弃这项策略。

（3）每一笔投注在创投的投资，都伴随着很高的风险，无论资金是来自个人还是企业。

（4）企业往往想干预投资决策的过程，这可能使各种利益冲突浮上台面。

（5）企业通常很难把握自己的策略性投资哲学，也很难订出评价投资绩效的标准。因此，往往过一阵子就得调整投资策略，导致操作成果走样。

（6）创投业者投资决策的快速步调，可能跟一般企业评估投资标的的程序不一致，会让企业感到不安。

成功的关键

（1）厘清公司的投资策略与目的——事先决定公司从事这项投资计划的目的以及公司投资的重点项目。还要记住，如果有新技术出现或是新消费市场形成，这些重点项目是会改变的。

（2）事先决定公司要投入的金额——大多数创新企业必须多次募资。如果公司希望跟成功的创投业者长期合作，则必须准备充足的资金，才可能与创投业者共同培养多项创新事业。另外还

要确实掌握，自己能投注多少资金，创投业者又能投注多少资金。

（3）慎选投资团队的领导人——合适的人选不仅需要与研发团队顺畅沟通，还需要与创投业者密切合作评估投资标的，完全掌握公司的策略目标。这个人选会成为双方交换意见的“窗口”，所以必须擅长沟通。

（4）明确创投伙伴应该具备的特性——同时明确说明公司的投资目的。创投是高度竞争的产业，需要坚实的专业能力。顶尖的创投业者已经组成关系紧密的资本系列（也就是企业集团），共同进行投资。善用这些业者的专业能力，不要质疑他们的决策。

（5）善用自己带进结盟关系的价值——要厘清公司的投资重点，明确公司的投资目的。

◎尽可能获取创新构想。

◎投资特定市场或技术的事业。

◎投资能够为未来产品奠定顾客群的事业。

◎物色潜在并购对象。

◎明确是进行种子投资、前期投资还是后期投资。

◎把股票首次公开发行作为前期投资的退场策略。

（6）善用结盟学到的经验——跟创投业者合作，可以学到过滤投资标的、投资以及建立事业等专业能力。思考公司可以在哪些地方应用这些技能，创造更高的附加价值。

关键思维

千万不要过于自负，更不要认为有所向披靡的顶尖创投业者。就连 KPCB 公司与红衫创投等知名创投公司，在协助大型企业达成策略目标上，也不会投入太多资金，更没有多大热情，因为他们已经有几家固定合作的对象。目标要远大，但是也要切合实际。

——劳瑞

四　合伙

企业可以运用自有的非核心知识资产与技术，与策略伙伴合伙成立新的事业。企业如果拥有革命性技术，特别适合采用这项策略。所谓革命性技术，就是下一代的产品与服务，它们可能影响公司现有的营收来源。

优点

（1）企业内部希望创业的员工，不必离开公司就可以参与尖端计划。

（2）企业提供的知识资产以及资金挹注，可以换得创新事业一定比例的股份。

（3）未来可以进一步进行技术合作与共同配销。

（4）如果新技术在市场上大受欢迎，公司可能有机会并购这家新公司。

（5）新公司可以快速反应，不会受母公司官僚体系的掣肘。

（6）可以把创新事业的股份分配给重要员工。

（7）企业可以事先评估创新事业的可行性，降低风险。

（8）新公司可以利用母公司原有的策略伙伴网络。

缺点

（1）许多企业的高层都会紧抓公司的知识资产不放，无论公司到底用不用得着。

（2）企业会担心流失人才，也就是说，最优秀的人才到新公司任职会对母公司造成不利影响。

（3）新产品上市要花费的时间永远超过预期。如果新产品锁定的是尚未成形的需求，那更是如此。因此，企业要花更长时间才会开始获得投资报酬。

（4）企业不容易吸引到兼具创业天分与市场头脑的人才，何况母公司里多的是职位，可以让兼具这些能力的人才大展身手。

（5）如果合伙结盟成效不佳，公司声誉可能受损。

（6）企业必须完全承受创新企业的风险。即使母公司做好所有工作，新公司计划还是有可能因为各种因素或是不可抗力而失败。

成功的关键

（1）只投资独特又有革命性的构想——找到真正的需求，确定公司要投资的技术不会轻易被超越，并且只跟合适的对象结盟，结盟对象的计划要能大大冲击现有的市场秩序。模仿来的技术不足以在成熟市场上立足。

（2）在合伙之前，先检视能不能独自投资——如果公司兼具创业技能与开拓市场的专才，那么可以考虑独自投资。确实检视公司具备的技能，一定要实事求是，然后判断是不是真的必须结盟才能成功。

（3）找出公司的专长以及合伙对象的优点——检视公司资产，判断公司该采用什么方法，才能让资产发挥最大效用。另外还要明确订出目标，找出合伙对象必须具备哪些能力，才能让新构想成长为事业。接下来就要去寻找合适的合伙对象，用对方的能力补己之短。

（4）事先谈妥合伙条件——不要让自己对卓越构想的热忱模糊了焦点。找个时间写下关键的营运原则与目标，然后一一厘清双方的权责、利益以及解决纷争的办法。还要订出时间表与里程碑，并且清楚说明继续合作的前提。另外，评价标准以及退场策略也都要彻底沟通。除非双方能够协调出共同目标，否则合伙关系可能造成双输。

关键思维

我们将会发现，各家企业的 CEO 与股市分

析师会纷纷改变自己的经营方式。企业的 CEO 除了要带领组织达成两位数的成长之外，还要确保公司在 5 年之后，有 40％～50％的营收来自目前不存在的平台、产品与服务。股市分析师的投资标的是那些积极进取、有能力通过创新不断成长的企业。

——劳瑞

五　并购

并购可以把被并购企业的能力、知识与技术整合进公司，是行之有年的企业成长策略。并购能够有效替代公司自行研发。许多企业非常懂得利用这项策略，达成惊人成长。

优点

（1）采取并购策略取得下一代产品，能够让企业率先切入市场。下一代产品会侵蚀现有市场，这会让目前的竞争对手如坐针毡。

（2）通过并购取得新产品，能够让企业进入新的市场。

（3）被并购企业的员工可以立即提升企业的知识和技能。

（4）企业能够运用极具创意的技术，应对未被满足的顾客需求。

（5）并购可以让两家企业的股东迅速获利，前期投资人也可以借此退场。

（6）跟龙头企业相比，被并购企业或许更能迅速应变，满足市场需求。

（7）被并购企业可以通过企业的现有配销渠道，销售其产品与服务，市场占有率也会高过原有资源能够创造的表现。企业的生产或服务也很有可能从被并购企业获得好处，从而提升产品或服务的品质。

缺点

（1）并购之前的评估流程旷日持久，而且评估流程也必须由经验丰富的人员主导。

（2）让被并购企业的人才融入目前的企业文化会是一大挑战。这项工作常常会失败，减损并购的价值。

（3）新企业要能够长期获利，不能只是为股票带来短期利益。

（4）顾客习惯了过去的互动模式，可能不太能够认同企业的做法。

(5) 如果过去的并购结果不符预期，企业会比较没有意愿再进行更多并购。

(6) 有时候两家企业无法磨合，难以找出彼此的相处之道。等到不合的情形浮出台面，往往很难从并购中抽身，甚至根本抽不了身。

(7) 任何一次并购都有可能因为被并购企业的债务而造成失败。如果企业没有考虑到被并购企业的债务，等到债务到期，造成的财务问题可能难以弥补。

成功的关键

(1) 制作技术分析图——预测哪些新技术可以在短期内推出，以及哪些新产品与服务可能流行。有了分析结果，公司就能够一窥下一代产品平台及其对市场占有率的影响。企业也可以借此评估未来是不是必须取得新技术或是能力，以及内部研发计划能不能满足新的需求。

(2) 分析企业过去的研发成果——了解企业

是擅长逐步改善产品还是擅长研发突破性技术。借此判断公司是应该加强内部研发，还是应该通过第三方引进新技术。

（3）明确制订并购策略要达成的目标——并评估并购与整体营运策略之间是不是确实相关。厘清这个问题，企业就可以投注资源，取得必要的能力与技术。此外，如果企业上下都有共同的策略目标，就可以避免各部门争夺资源。

（4）组成坚实的并购团队——理想的并购团队成员必须十分了解市场状况，还要能直接与企业的重要领导人沟通。并购团队的工作是要评估所有潜在并购对象。

（5）建立卓越的企业整合团队——企业整合团队的工作正如其名，负责监督整合过程，引导被并购企业员工融入企业，发挥其生产力。要让人力资源发挥最高效能，就必须建立优秀的整合团队。

关键思维

小型创新企业如果正在研发卓越的科技产品，而且可以在6～12个月内推出这项产品，那它就是我们理想的并购对象。我们会运用公司在生产与财务上的优势，通过公司的配销渠道大力推销这项产品。我们会持续寻找私有企业。跟上市企业比起来，收购私有企业花费的时间比较短，法律问题也比较少。

——约翰· 钱伯斯，思科系统公司CEO

六　面面俱到促成长

高瞻远瞩的企业会采取明智的做法，不会把自己局限在单一的成长策略。

杰出的企业领导人会同时执行数个成长策略。经营稳健的企业可以享有下列益处：

◎加速成长。

◎取得新技术与新兴市场。

◎分散投资，分摊风险。

◎从做中学。

◎及早停止损失，尝试不同做法。

企业领导人搭配运用各种成长计划，短期来说，可以达成每季股市期望的表现；长期来说，也能够满足股东对公司成长的要求。领导人可以按照不同需求，调整公司投资各项成长策略的比例。

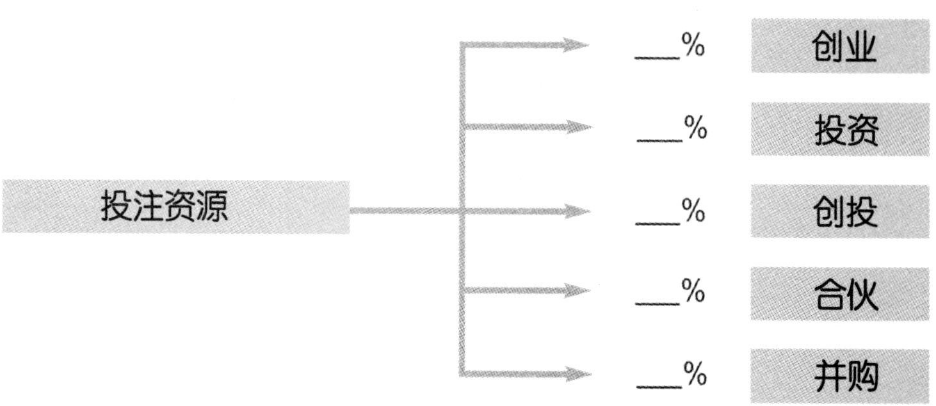

投资创新事业必须进行长期实验与学习，才能找到最适切的方法。企业当然可以把其他成功企业当作学习的标杆与模范，但是每家企业都有各自的需求，取决于下列不同因素：

◎ 企业所属的产业。

◎ 知识资产的品质与数量。

◎ 承受风险的能力。

◎ 主要的企业文化。

◎ 过去创业成功的经验。

◎ 管理团队对于创投的熟悉程度。

◎ 可用资金的金额。

尽管有上述种种变数，所有企业领导人还是

会梦想自己成为市场上的明日之星。无可避免，企业如果希望股东与其他投资人都看好自己的表现，就一定得成长。同时采用5项企业成长策略，形成多元的投资计划，是最能促成企业成长的做法。

投资人买进一家企业的股票，是希望这家企业将来能够创造营收与盈余。因此，企业如果拥有许多创新事业，就比较能够吸引投资人，因为创新事业可能为母公司带来营收、盈余与成长。各项创新事业的目标就是要取得下一代技术，并且把这项技术商业化，这对投资人来说又是一大诱因。无论采用哪种评价标准，创新事业都可能为企业整体评价带来可观的正面效益。

许多投资人投资的着眼点在于企业中有没有懂得经营创新事业的创业家。创业家跟大多数企业高层主管大不相同。

优秀的创业家具备下列特点：

（1）眼光独到——创业家能够发现别人没有

注意到的趋势，并采取行动开发产品与服务，满足消费者未来的需求。

（2）亲力亲为，为自己的目标努力——创业家一心想解决问题，充满干劲。只要能让公司的新产品上市，他们愿意全力投入。

（3）非常独立——创业家相信自己的直觉判断，很难跟没有热情的人共事。他们也不太喜欢跟他人分享自己的经验，因此一般人很难追随他们的脚步。

（4）能够早一步在混乱中理出头绪——即使在极为混乱的状况下，创业家也能专心找出可行的解决方法。他们也能够利用各种数据，而且一接触到新信息就能立刻加以运用。

（5）非常自信——大多数创业家即使面临朋友与初期投资人都离开的窘境，也还是能够继续一步步向前迈进。

（6）精力充沛——创业家工作勤奋，他们几个星期完成的工作，大多数企业可能要几个月才

能完成。

(7) 适应力强——一般说来，创业家领导的企业，只会以一种速度运作，那就是极速。

(8) 受挫能力高——创业家明白，要获得最后的成功，往往必须经历几次错误的开始，他们会从失败中汲取教训，然后继续前进。此外，创业家在面临不确定与混乱的状况时，也总是处之泰然。

(9) 擅长筹资，工作是为了获得股份——企业高层主管工作的动力是薪资福利，驱策创业家工作的力量，则是未来得到优厚报酬的机会，所以创业家会在当下为了股份而努力工作。真正的创业家永远愿意投注自己的力量，换取未来更大的收获。

创新事业需要创业家才能成功。因此，企业的成长计划能不能成功，关键是有没有创业家参与。要记住的是，企业成长必须靠策略，也必须靠营运技能。优秀的创业家非常懂得运用成长策略，但是新创事业内部还需有人负责各项营运工作，否则还是可能不易生存。

还要记住的是，新创事业从创业家手中转移到营运效率高的领导人手中也是很大的挑战。其中一项困难是创业家需要改去负责另外的项目，这必须准确掌握时机。这个时机事关各个创新事业未来的获利表现，需密切注意。

那么，为什么大型企业无法像创新事业那样有效掌握新兴市场呢？大型企业与创业家或创投业者具有哪些不同？

（1）管理成长中的创新事业，跟达成年度营运计划，基本上是不同的——在稳健经营的企业中，经理人懂得管理品牌，带领业务团队达成生产目标以及稳定提高生产力。相对地，创业家会全力寻找最合适的顾客群，在这个过程中会不断实验、失败、学习，然后再尝试。这两类技能大不相同，而企业的创办人在公司成功之后，几乎不会留下来经营自己的公司。

(2) 创新事业与企业对速度的认知不同——创新企业希望在市场上出现类似或是更好的解决方案之前，抢先推出产品。因此，创新企业为了尽快完成上市工作，宁愿忍受些许混乱。相对地，企业的高层主管工作状况有条有理，秘书会在几个月前就安排好开会的日期。

(3) 创业的心态也不一样——创业家要的是独立、信任以及迅速行动的能力，不必召开会议征询意见。相对地，企业高层主管决定采取行动之前，会分析、检视，征求同事的意见，并且比较所有可能的做法。

(4) 创新事业向创投业者寻求资金，企业则是以年度计划争取预算——创投业者会根据事业计划的投资报酬潜力，决定要不要投资这家创新企业。创业家非常清楚这一点，所以在开发商机的过程中，会投入全部心力达成几个关键的里程碑。相对地，企业高层主管要跟其他事业部门竞争下一年度的预算，而且在企业的环境中，许多投资决策形成的方式，其实是看高层主管偏好哪项个别计划。

（5）创业家用十分独特的角度，去衡量风险与报酬——对于企业的员工来说，投入创新事业的报酬不高，而且职涯也会面临相当的风险。对创业家来说，创立新公司能够拥有部分股权，潜在报酬非常高，但是投资的时间与精力，到最后也可能完全没有报酬。创业家认为，风险是创业游戏中不可或缺的部分。

（6）公司只会同时投资一两项事业，创投业者则会投资多项事业——创投业者预期自己的投资，有15％～25％会大丰收，25％～35％可以获利，25％～35％可以损益两平，还有15％～20％会失败。创投业者依靠大丰收投资项目赚得的钱，为自己的基金创造巨额获利。相对地，企业只尝试一两个项目，抱持的心态是“最好能成功，否则我们不会再去尝试其他新项目”。

（7）创新事业成长的速度，赶不上企业内升

迁的速度——一般说来，创投业者会预期创新事业在30个月内达到损益两平，75个月后开始创造投资报酬。企业高层主管希望每两年就能升迁一次，要获得升迁，就必须很快创造绩效。

（8）创业家创造资料，企业高层主管分析资料——大型企业运用详细、有条理又谨慎的方法，分析手中资料；创业家直接跟顾客合作，开发顾客喜欢的解决方案。创业家不必分析资料，因为他们一天到晚都在解决问题，而解决问题的过程，就是活生生的参考资料。

（9）创新事业的基础是顾客导向的事业构想——企业认为："我们具备了各项技能与能力，应该好好把这些能力应用到新事业中。"创业家认为："这项绝佳的构想或技术深受顾客喜爱，我们要开设什么样的公司，才能把这项构想提供给更多顾客？我们又能加进什么元素，才能给顾客提供更多价值？"

关键思维

如果大型企业当初能够发现技术与商机并且尽快运用这些机会，那么硅谷就不会存在。

——迈克尔·莫里茨，红杉创投公司合伙人

◆如果经理人一心只想在未来12～18个月达成营运计划的目标，那么就很难再顾及配置资金进行研究计划、产品开发计划、开创新事业以及投资创新事业等工作，而这几项工作会是企业未来3～5年创造盈余的主要来源。只要企业厘清目标、制订有吸引力的策略、营造创业的环境、备妥资金与人才，而且高层主管投入创新事业，把创新事业当作企业成长的动力，那么创新事业就能为股东创造财富。企业必须向投资人清楚说明，上述种种都是成功的先决条件。企业能不能有效执行完善的计划，会决定企业成长的速度，以及能够创造多少财富。

◆每个组织都面临的挑战是如何运用创新事业的投资策略带动组织成长，并制订、执行独特

的策略，为股东创造更多价值。明智的企业无论规模大小，都会设计出多元且灵活的方法，整合各种资源，达成组织成长。

——劳瑞

全球创业家的大冒险

Business Stripped Bare

Adventures of a Global Entrepreneur

原著作者简介

理查德·布兰森(Richard Branson)，世界上最知名的商界人士之一，维珍集团创办人兼董事长。善于通过创业和经营将新构想商业化，资历超过40年。曾将维珍通信经营成史上营收最快突破10亿美元的企业。维珍也是世界上最受敬重、最具价值的品牌之一。

本文编译：黄玩

主要内容

领导与社会责任

维珍式领导

对于领导，布兰森凭借的是他对人心的敏锐观察。布兰森认为，员工之所以离开一家好公司，是因为认为自己不被理解与重视。布兰森不但给予员工充分的发挥空间，也擅长启发与激励员工。

布兰森说："我们寻找的员工，是那些被赋予更多职责后变得更成熟，并且以更大热情回应的人。"最经典的故事是集团旗下一家唱片公司的总经理，当初加入维珍时是一位清洁人员；还有维珍航空的一位女按摩师，后来成为摩洛哥城堡饭店的经理。维珍的理念是设法从内部提拔人才，独立运作分割出来的新公司，并拥有完全的掌控权，这也是维珍留住人才的另一项诱因。

布兰森相信人在工作中得到的心理层面满足永远大过物质层面的报酬。维珍集团在澳大利亚成立的维珍蓝航空公司，要求所有主管每隔 3 个月就在清晨 4 点到机场报到，和行李托运人员一起工作，亲身体验一线员工不为人知的辛苦以及面临的难题。维珍蓝航空公司还有一项特别的奖励，称为“先发现，先解决”，目的是让员工在工作时有更大的自主权。如果员工发现问题，并在第一时间自行运用适当的方法予以解决，就能得到一张免费机票，他可以将这张机票送给任何人。因此，维珍蓝航空公司留得住人才，不需要高薪挖角。而就平均薪资来看，维珍其实并不具有太大优势。以维珍蓝航空公司为例，空乘人员平均年薪大约为 4 万美元，而澳大利亚第一大航空公司澳大利亚航空，其空乘人员的平均年薪为 6.4 万美元。

社会型企业

布兰森给自己的挑战并不只是创造世界纪

录，他还将维珍集团的企业智慧用于解决当今世界的各种社会问题，包括降低疟疾与艾滋病患者的死亡人数、照顾弱势群体，以及应对全球气候变暖。美国前副总统戈尔在全球巡回演讲时，曾拜访布兰森并表示："倘若布兰森带头宣传减少二氧化碳排放量，那么减缓全球气候变暖这项运动必将在全球范围内造成巨大影响。"布兰森在2006年成立维珍燃料投资公司，他承诺把维珍集团在运输业上未来10年内的获利投入生物燃料的研究、开发、生产和销售，此承诺涉及的金额预计达30亿美元。

对于温室效应的影响，布兰森说："地球这个美丽无比的世界，代代相传到我们手中，我们不能成为把环境破坏殆尽的一代。我们有责任把这个美丽的世界再代代相传下去。"维珍燃料投资公司研发生物燃料的应用，以降低石油燃烧产生的二氧化碳排放量，从而减缓全球气候变暖。在石油存量渐低的今日，维珍燃料投资研发生物燃料是被看好的投资趋势，投资报酬指日可待。除了投资可能带来的利益之外，生物燃料研发成功更可确保燃料来源，稳定维珍集团在运输业上的成本结构。维珍燃料研发干净、可重复利用的能源，让营利与生态关怀共存，在追求经济发展的同时，也为留下可持续利用的自然环境作出贡献。

解决问题的七要素

从商最重要的目的就是创造、制造及销售商品，其他一切都只是点缀，而创造力则是所有事业的核心。

商业没有倒档，如果你碰到问题，就必须想出解决方案，而不是想办法让已经存在的问题消失不见。企业经营为什么会如此具有挑战性，一部分原因就在于此。要真正做好该做的事，你必须把七项要素确实做到位（见下页图）。

在这七项要素齐备之后，接下来的成败就取决于你所信奉的道德观以及实践它们的能力。在商场上，道德就是一切。如果你创立一个能让自己引以为傲，且真正采取行动来改善世界的企业，那你就达成了非常有价值的成就。实际上，你公司的规模愈大，道德层面的问题就会愈棘

手，尽管这听起来有点儿奇怪。

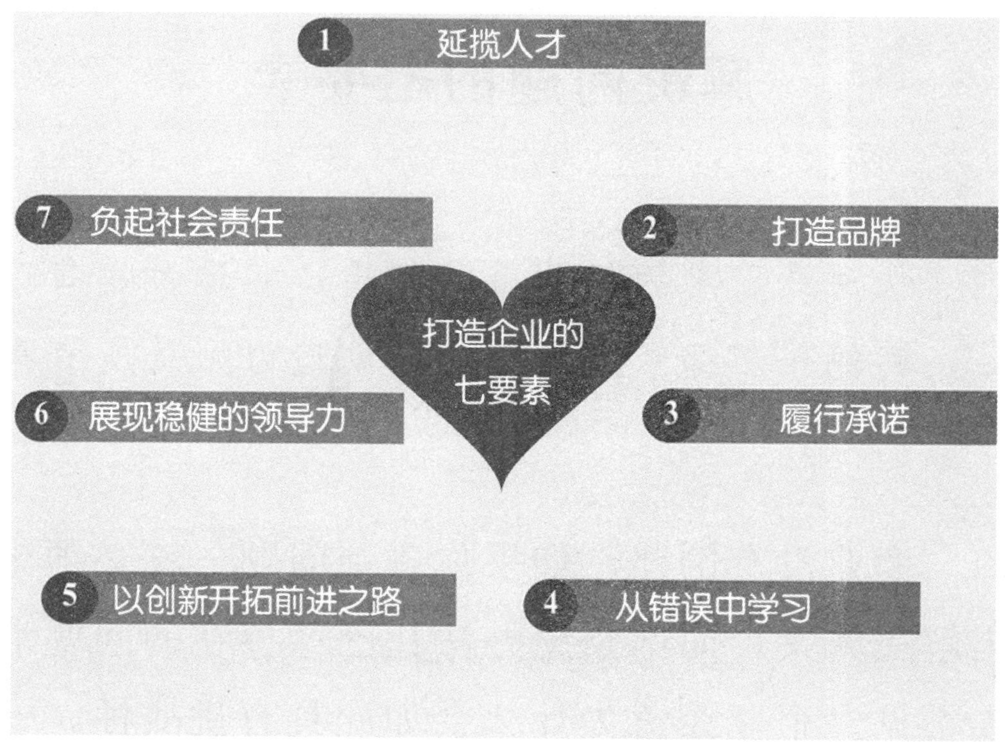

关键思维

成功对我而言，就是创造出能让自己引以为傲的事物。获利是必须的，因为投资下一项项目，要支付开支、偿还投资人以及回报一切辛勤努力，但也就仅此而已。一个人留给后世的印象，不应该是自己一生当中赚了多少钱。离开世间的时候是在银行账户里留下10亿美元，还是只在枕头底下留了20美元，其实并没有多大区别，那并不代表你一生的成就。真正重要的是你是否曾经创造出某些特别的事物以及是否真正改变了他人的生活。辞世时一身清贫的创业家、科学家及艺术家，往往是真正的英雄。在事业上和在人生中都一样，最重要的是成就了积极的事物。

——布兰森

一　延揽人才

不论你是从头开始建立新公司，还是要把现有企业做大，你都需要优秀的人才。最佳人才就是能够独立思考的人。如果你的公司里都是这样的人才，你就成功了一半；另外一半则是要给予这些人才必要的创造空间去制订及执行良好决策。

所有企业经营者都在寻找优秀人才，因为优秀人才充满活力与热忱，还拥有其他显著的人格特质，例如：

◎非常专注。

◎面带微笑，相处起来令人愉悦。

◎愿意为你付出额外的努力。

◎即使在巨大压力下，依然会保持冷静。

◎热爱自己的工作并且会表现出来。

当你找到了这样的人才，接下来就必须将他们置于能够发挥能力并达成伟大成就的企业环境中。如果你将他们置于绑手绑脚的环境中，让他们没有获得批准便什么也不能做，那么你大费周章地招募优秀人才根本就是疯了。通常小型团队或小型企业比较容易拥有让人才发挥能力的理想环境。维珍集团发现，团队的理想人数上限是100人左右。当企业需要更多人力的时候，就需要把公司一分为二，让它们各自发展。可以视情况持续进行这样的操作。

不可否认，100人规模的上限并不适合航空公司、铁路公司等大规模企业。然而大体而言，维持小规模对企业来说有着极高的价值，因此一定要善加利用。

公司的人才总会来来去去，他们会为了职涯的升迁机会而离开，这是可以预见的。但是让优秀人才觉得自己不受重用、不得不另谋高就的话，那可是不应发生的。你必须努力不让这种状况出现。

善用优秀人才的要件之一就是给他们提供合适的工具去处理手边的工作。如果持续做好这一点，你的员工每天都会带着活力与热忱来上班。合适的工具会让他们更容易达到专业表现，并且尽可能将一切事务都做到最高标准。要密切关注你所提供的工具的水准，因为这会直接影响到工作成果。

小规模组织之所以有效，是因为它们通常比较具有创业眼光。要成为创业家并不表示你要设法占顾客便宜，也不表示你得独力完成工作。你要将自己的热情转换成资本，找出可行方法推进它，然后向着自己想达成的目标迈进。从这个角度来看，创业可以说是每个人的本能。小型组织比较容许这样的热忱存在，而大型组织通常不会。

工业革命其实让商界蒙上恶名：男男女女为了维持生计，被迫做一成不变的工作，而无法从

事他们热爱的工作。最近在政治、经济及科技领域的演变，已经使各产业的工作性质有了根本改变：只有较少数的人还必须从事被安排的工作，更多的人则能够依循自己的创业本能来思考和行动，做自己热爱的工作。

在这方面有个绝佳的典范，就是穆罕默德·尤努斯教授，他在1976年创办了葛拉敏银行，并以此作为一项经济学研究计划。葛拉敏银行首创一套制度，向那些一般无法从传统银行借到贷款的发展中国家人民，提供小额、低利率的贷款。2006年，葛拉敏银行已经拥有2400家分行，贷款户超过750万，让世界上数百万人脱离贫困。该行激起了一股以互助借贷为主的全球运动，而尤努斯教授也在2006年获得诺贝尔和平奖。

如果你以具体方法去培养、鼓励创业家精神，使公司上下都有拥有这种精神，那么一定会产生神奇效果。公司员工会朝他们热衷的方向发展。如果你找到优秀人才，给他们提供绝佳的工具和空间去采用他们认为最理想的做法，那么他们就能够赢得顾客的喜爱。顾客会期待和你的公司互动，因为这会让他们有机会接触到对自己工作充满热忱的人，这绝对是一件好事。

关键思维

◆企业必须带给人丰富又有收获的生活，不然就不值得经营。

◆毕竟我们只能活一次，而且把绝大多数时间都花在工作上，因此让自己对所从事的工作感到满意是至关重要的。投入自己喜爱的工作，是人生最大的乐趣之一，但这点似乎是一些企业领导人决心不计代价加以排除的。

◆我深深觉得，年轻且懂得独立思考的企业确实能够给顾客提供绝佳服务；让顾客日子难过的是那些企业“巨兽”和企业权贵。维珍品牌的

价值观就在于顾客服务，我们投注在顾客上的心力是绝大多数企业都比不上的。

——布兰森

二 打造品牌

传统的经营观念认为，你必须固守自己熟悉的领域。许多曾试图将品牌转向新市场的企业，几乎都效果不彰，而维珍则是其中令人瞩目的例外。

在2000～2003年，维珍在3个国家创立了3家企业，而且每一家都成为营收达10亿美元的企业，包括澳大利亚维珍蓝航空、英国维珍通信以及美国维珍通信。这延续了维珍一直以来引以为傲的成就。在过去35年中，维珍所建立的达10亿美元营收的企业数，以及所跨入的产业和市场，是其他任何企业难以企及的。

这些公司的唯一共通点，就是维珍这个品牌精神。那么，维珍品牌到底代表什么？

除非真心投入，否则任何企业都不太可能跟

随维珍的脚步，全力锁定顾客体验。不断找出新方法，在顾客最意想不到的地方给他们带来乐趣，正是维珍品牌精神所在。

（1）维珍集团一向善于发挥带有戏谑意味的幽默感，那么做具有相当好的成效，因为大家都喜欢自己也参与开玩笑的感觉。当维珍航空推出它新设计的盐罐及胡椒罐时，公司发现顾客会将这些罐子偷回去，在自己家里的餐桌上使用。公司不但没有加装一些精巧的防盗装置，反而在每一瓶罐子的底部印上“偷自维珍航空”的字样。公司开始把这些盐罐及胡椒罐当作一种有趣、调皮的促销手段。

（2）维珍对于自己经营状况的起伏一直都毫无隐瞒。当令人失望的状况出现时，公司不会刻意掩盖，反而会坦承出现的各种争执、挫折和错误。维珍品牌建立了真实的信誉，它并不企图塑造经过消毒并美化的形象。这种信誉让维珍赢得公众信任，得以悠游于一个又一个产业。

（3）维珍已经变成享乐精神的号召。以此闻名完全不是坏事，因为顾客会将维珍品牌与大胆构想联系起来，更容易接受维珍不同的全新商品。

（4）维珍 1970 年在英国成立时，以邮购唱片行起家，其后它开始发行杂志、经营录音室并建立自己的唱片公司（20 年后唱片公司以 10 亿美元的价格卖给 EMI 唱片公司）。在创办 3 年后，维珍已经变成由 17 个零售点、1 家出口商、1 家进口商、1 家出版社、1 家经纪公司和 1 家管理公司等共同组成的连锁企业。维珍在日后进入其他产业也是非常自然的结果。从创立时，追求成长就已经是维珍企业 DNA 中的一环。杰出品牌向来能反映一个公司的能力。一个公司如果付出额外努力去履行自己对顾客的承诺，那么当它扩充产品线时，顾客就会乐于跟随。

（5）维珍非常善于利用自己的所作所为来赢得媒体曝光，并且发现，经过策略性定位的公关

故事，总是比巨额广告预算更能有效建立品牌知名度。作为CEO，布兰森本人为了替维珍赢得媒体曝光而做的疯狂事，列出来可说是又多又有名。这一方面是因为公司一直都乐于去突破界限，另一方面则是因为布兰森具有的个人特质。如果一家公司的创办人或CEO成为公司媒体曝光的主角，就可能收到神奇的效果。就以维珍来说，虽然维珍所花的广告费用与其他同行相比是非常少的，但其曝光度已经足以让维珍成为全球前20大知名品牌之一。

总之，维珍正努力成为世界上最受尊敬的品牌，而不是全球最大的品牌。在实务上，这意味着维珍旗下任何一家企业出现亏损或结束的时候，都必须重新进行调整。维珍同时也扮演了具有品牌精神的创投公司的角色，它积极投资于自己的员工或外部人士所提出的新事业构想。当有人要向维珍筹资时，他知道自己的构想必须符合维珍的品牌精神以及它所抱持的价值观。在维珍进入一个又一个不同产业的时候，其品牌精神确实对经营有所助益。

关键思维

◆维珍品牌代表的是一种保证，即你会受到妥善的对待，你会得到高品质但又不会让你荷包大失血的产品，你也会在购买的过程中得到超乎预期的乐趣，不论你买的是什么。你知道吗，每天早上驱使我起床的，就是顾客以及想给顾客带来美好时光的心情。没有其他品牌能像维珍一样成为一种生活方式，而我们做到了。这并不是因为我们某一天临时决定要成为一个生活方式品牌，我们纯粹是依循自己的品味以及使我们感到好奇的事物。我对学习新事物一直都有兴趣，至今依然如此，而同样重要的是，我也一直希望和别人分享我的所学。

◆杰出品牌会反映那个时代的历史以及建立品牌的功臣的个人特质，这是无法轻易复制的，

也无法回收再利用。品牌就像艺术家的签名（以维珍来说，我们的品牌真的就是艺术家的签名）。你要以什么特质来建立品牌，取决于你自己。我没办法教你怎么做，我只会要求你认真看待品牌，就如同画家看待自己在画作上的签名一样。

——布兰森

三 履行承诺

维珍集团能够成功，是因为它全力履行品牌所做的承诺。

总的来说，有效履行承诺向来只取决于下列两项因素：

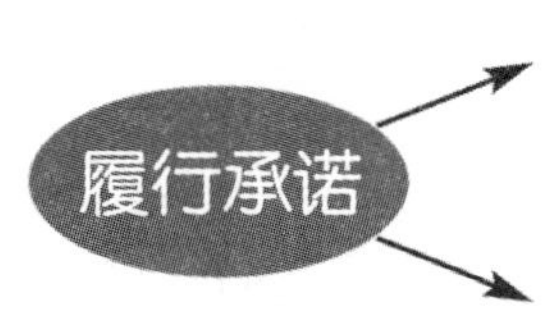

建构沟通渠道

注意细节

（1）沟通是至关重要的要素，CEO 最好能每周写信给下属，告知他们目前的经营状况。搜集题材来撰写这种定期发送的信件，有一种不错的方法：CEO 可以用笔记本简单写下所有待办的事项。当你要写信给员工的时候，就可以浏览笔记然后摘出重点，或者提出问题，以了解为何

有些事情没有做好。

（2）经理人及企业主应密切注意细节，最有效的方法就是让亲身体验当自己公司顾客的感受。你必须尽量找机会离开办公桌走出去，带着你的笔记本，体验自己的产品。了解哪些方面做得不错，并写个表扬的便条给相关人员。还要找出令人失望的部分，并立即采取行动处理这些缺失。

竟然有那么多人无法进行良好的沟通并注意细节。他们还想去经营公司，这实在是让人惊讶，这样不可能把公司经营好。要善于带给顾客有价值的商品，在这两点上都一定得坚决和主动。

履行承诺是一项持续不断的挑战，不可能光是检讨一次就理出头绪，然后自此坐下来纳凉。你必须每天走出办公室，判断市场有哪些变化。单凭你目前的成功，并不足以保证你在未来也能保持成功。市场会发生变化并造成某些无法预见的后果，你必须做好准备，在变化发生时做出回应。

不论你身处何种产业，你都要将带给顾客的成果简化成一般人都能了解并可回应的价值主张。如果你的价值主张古怪又有违常理，就会产生问题。如果你的价值主张合情合理，接下来要做的便是锻炼自己，去熟悉相关做法。在绝大多数情况下，做到履行承诺不是什么了不起的学问。你只需赋予员工适当的工具，放手让他们自行发挥，让他们去满足顾客的期待。如果你让公司只专注于根本要务，并确保都确实做到，就会给人留下深刻印象。

要确实履行承诺，可以延揽外部专家。专家是学有专精的人，他们对于自己的专业领域知之甚详，却不善于执行你的构想，因为他们并不知道你究竟在想什么。要养成习惯，先将你的想法具体化并自己进行研究，然后才延揽专家参与。这样，当你请专家提供意见的时候，就已经清楚

订出了他们应该思考的方向，如此会比让专家从头摸索更有效。在没有具体方向的情况下，专家提出的都只会是乏味平凡的想法，一点帮助也没有。

企业经营一定要保持冷静的头脑。不要忘了企业经营原本就是一场混战。当你的公司成长时，其他公司的业绩就会面临衰退。当然要努力求取胜利，但也要坚持公平竞争的原则。

把竞争对手当作朋友，并且跟他们维持联系。过去的对手在未来某项突破性项目上携手合作，在商界是很平常的事。要持续打好基础以便进行这样的合作。

很多大企业都会设法净化工作环境，要求员工每天上班走进公司大门前，不要把自己的情绪带进去。维珍一向通过反向操作获得成功，它鼓励旗下所有员工顺着自己的情绪走，按照自己的直觉行事，这点或许值得效法。在工作上可以尝试依照自己的直觉去做。如果能够增加亲身体验并利用自己的天赋，那么在绝大多数情况下你可以掌握自己应该前进的方向。

关键思维

一般企业光想着赚钱，完全不考虑社会大众。社会型企业的目标则在于增进社会福利，而不仅仅是谋取一己之私。利润对社会型企业也很重要，是公司能够经营下去的保证。尽管社会型企业不是慈善机构，但获利毕竟不是其最终目标。当社会型企业获利时，除了偿还投资人的出资之外，其余获利都会留在公司，用以达成其协助贫民的长期社会目标。

——穆罕默德·尤努斯

◆启发你的员工，让他们从创业家的角度思考。最严格的监督者，其实就是每个人的良心，所以赋予员工的责任愈重，他们交给你的成绩单就愈好。

◆不论你的品牌诉求为何，你都必须履行它

所做的承诺。做不到的事不要说出口，说到就一定要做到，这是你唯一能够掌控自己品牌的方法。而且要小心：品牌一定会代表某种意义，如果你无法定义品牌所代表的意义，你的竞争对手就会替你下定义。即使没有竞争对手，没有信誉的品牌也能对漫不经心的企业给予“严重报复”。想想看，有多少品牌代表了“粗制滥造”、“拖拖拉拉”或“敲竹杠”？

◆经营企业就是要做出成果。或者说经营企业就是做出更理想的成果（同时还要获利），而建立非营利的社会型企业，跟建立营利的企业其实没有什么本质上的不同。

——布兰森

四　从错误中学习

商场上只有一件事是确定的，那就是每个人都会犯错。当你雇用员工时，打从他们一上班你就要为他们的错误付出代价。最好的应对之道就是设法延揽够聪明、可以从自己的错误中学习的员工，而你自己也必须如此。

维珍犯过的一些错误是相当具有传奇性的：

（1）布兰森本人在 1969 年时因为钻唱片营业税法规的漏洞被抓到。他将一些唱片违法申报为出口产品，不缴纳营业税。事实上公司是把这些唱片装到货车上，运过英吉利海峡再载回英国。最后海关同意，只要维珍唱片补缴 3 倍金额的逃漏税款，就不予告发。

（2）2007 年，维珍铁路公司有一班列车以时速超过 160 公里的速度行驶时脱轨，造成 24

人受伤及 1 名乘客死亡。

（3）维珍在 2003 年花了 2000 万美元设计出一台新款的 MP3 播放器，并且在市场上推出，却发现苹果公司也推出了新款的 iPod。苹果的 iPod 比维珍的产品更便宜、轻巧而且好用。结果维珍的这项产品在市场上一败涂地，维珍只得认赔。

（4）2000 年，维珍航空花了非常长的时间来重新设计豪华商务舱的座椅，结果它的主要竞争对手英航得知维珍的意图后推出了更豪华的座椅。最后维珍航空不得不在花了 1 亿英镑之后放弃了自己开发的新座椅。

（5）维珍可乐在 1994 年和可口可乐打了一场可乐大战。在结束营业之前，它已经损失了 2500 万美元以上。

（6）2002 年，维珍在美国成立了移动电信公司美国维珍通信，该公司在刚开始的时候经营得有声有色。然而到了 2005 年，因为有财力雄厚的强力竞争对手进入市场，美国手机预付卡市场展开一场“混战”。美国维珍通信还因一度拖欠一笔之前借来的贷款，而和它主要的手机供应商诺基亚爆发了公开争执。那时公司的管理团队并没有袖手旁观，而是做了彻底的检讨并进行必要的变革。到 2006 年 12 月，美国维珍通信的用户已经增长到 460 万名，每个月的通话时间达 9.5 亿分钟。美国维珍通信在 2007 年 10 月 11 日上市，首次公开发行的股价是每股 15 美元，共卖出 2750 万股。

（7）2007 年 8 月，正当国际信用紧缩并开始成为报纸头条之际，维珍打算并购北岩银行，原本的提案内容是接收北岩银行，然后改名为维珍银行，然而媒体却高声指摘布兰森和英国首相戈登·布朗之间有暗中交易。尽管维珍提出了可行的并购条件，但英国政府最后还是决定将北岩银行国有化，以维持银行业的稳定。

从以上种种明显且众所周知的错误中可以看

出，在犯错这个方面，真正应该知道的其实只有两项原则：

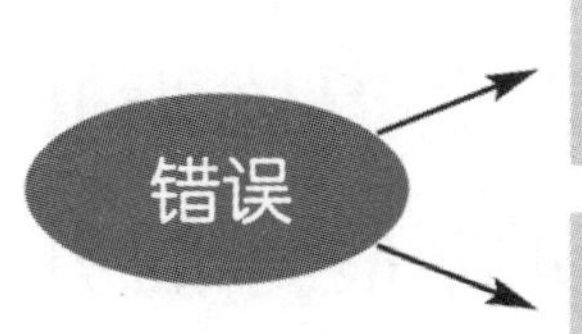

残酷的现实是，如果你尝试新的做法，所遭遇的挫折会比自己希望的还多。当你被打倒时，唯一能继续前进的方法就是站起身来，拍掉身上的灰尘，然后迈向下一个新目标。

关键思维

◆在商场上，就算其他方法都行不通，永远还是会有另一项选择：你可以从大的业务范围开始，然后加以精简、专业化并且提高产品价格。当你做了修正并重新推销自己之后，就可以设法提升价值，让你更加昂贵的新定价能够名正言顺。这点非常不容易做到，但却是提振公司业绩的神奇方法。

◆维珍在碰到问题时，第一件事会做什么？我们会立刻聚集起来，寻找这个问题的答案："有没有办法解决？"接着我们就会直指核心并且追问："对大家来说，解决这个问题最好的办法是什么？"你必须全心全意找出解决办法。如果问题非常重大，就要付出所有时间和精力，直到解决为止。要夜以继日地解决问题，并设法把其他所有待办事项交给其他人处理。如果这样做之后还是没办法解决，那么你至少知道自己已经竭尽全力。如果这表示你必须遭受打击，就正面去接受这个打击，想都不要再想；如果你受了伤，就清理伤口然后重新站起来，继续向前迈进。

——布兰森

五　以创新开拓前进之路

你置身商界，就必须持续不断地以创新开拓前进之路，使创新和日常营运之间的差异逐渐消失。

在21世纪，企业必须具有应变能力和创造力，否则就无法继续向前迈进。规模较小的公司通常比较了解创新的必要性，因为它们能够快速做出改变，而对于大型企业而言，创新则会牵涉到许多制度和架构上的变革。尽管有这些挑战存在，创新仍然是至关重要的。

维珍对于自己在创新上的表现，一向相当自豪。举例来说：

(1) 当维珍美国航空还在早期的规划阶段时，它的管理团队就自问："我们能用什么不同于其他航空公司的方法，带来更理想的顾客体验？要怎样才能让顾客感到惊艳？”答案是，他们想出了给人感觉更自由的客舱设计，尤其是每个座位都有屏幕，并配备内置的键盘，乘客可以在航程中和其他人聊天。这也意味着乘客肚子饿的时候，可以在座位上点份三明治请空服员送过来，不用再等到餐车推到身边。乘客也可以随时看电影、听音乐或是接上自己的笔记本电脑，所需要的一切都在自己面前。为了让搭乘体验变得更完美，飞机上还配备了全新的照明系统，营造出空间更大更自由的感觉。这种种设计的目的，都是为了给乘客带来无与伦比的搭乘体验。

（2）1999 年 3 月，维珍决定投入商业太空旅行的业务。集团注册成立维珍银河公司，开始认真寻求民众负担得起的载人太空旅行方式。公司研究过许许多多可能的技术，但是在伯特·鲁丹的缩尺复合材料公司（由微软共同创办人保罗·艾伦共同出资成立）宣布要发展太空一号计划来赢得安萨里 X 大奖的 1000 万美元奖金时，维珍

就把试过的技术全部放弃了。2004 年 9 月底，维珍宣布它已经与缩尺复合材料公司达成一项 2150 万美元的技术授权协议，并且还会再投资 1 亿美元研发下一代 6 人座太空飞行器，以作为维珍银河日后使用的航具。这个绝佳案例说明，密切注意变化是创新过程中不可或缺的一环。有时候，要推动某项商业构想，最有效的方法就是好好利用自己的好奇心，看看其他人目前在这个领域的成果，然后合作规划出具有商业价值且符合各方需求和目标的计划。这是一种货真价实的商业创新形式，虽然没有引起太多媒体报道，但仍具有相当重大的意义。

（3）维珍也积极处理全球气候变暖的问题。2006 年 9 月 21 日，布兰森宣布要在未来 10 年里，将维珍集团中所有运输业务的获利全数投入应对全球气候变暖问题。这笔大约 30 亿美元的款项，维珍打算投资于开发处理全球气候变暖问题的科技。它所进行的第一项计划是要设法找出航空公司能够使用，并可降低航空业碳排放量的生物燃料。维珍希望这种生物燃料不仅要环保，还要不至于影响食物供应，特别是对发展中国家而言。维珍为此成立了维珍绿色基金，目前投资了多项环保能源解决方案的研发计划。这些计划之中，有哪一项能够扩大应用来满足现今液态燃料的需求，目前还有待观察，然而不管哪一项能出线，维珍都期待自己能在这个领域中占有一席之地。也许不会有哪一种合成燃料可以解决所有人的问题，但可能出现一套组合解决方案，能够适用于不同地区、不同用途以及不同的使用规模。

要在商业上创新，注意细节会是一股绝佳的驱动力。使顾客得到某种他们并不知道自己想要的东西，这就是所谓的创新。创新并不表示你必须步调最快或是规模最大，而是你必须成为顾客眼中最好的选择。

关键思维

◆要在变化多端的市场中远离危机，最有效、最稳健的方法就是试验与应变。企业要顺应环境变化的浪潮。在任何产业中最优秀的业者无不持续投入某种类型的创新。

◆不行动，经营永远无法成功。我做生意是靠运气吗？你答对了。然而大多数人在大多数状况下，都拥有跟我一样好的运气，重点是看你怎么运用。当你好好利用运气带来的机会，当你起身离开办公桌去看看有哪些构想和人会给你启发，你就会得到创新。

——布兰森

六　展现稳健的领导力

真正的领导必须分辨真实的危险与表面上的危险。这个道理在攀岩、热气球、登山及快艇比赛上是如此，在商场上也是如此。你必须了解自己公司所面临的挑战并昂首面对；同样，在出现麻烦的征兆时，你也要避免过度反应。

在商场上要展现稳健的领导力，其实有下列两项基本要务：

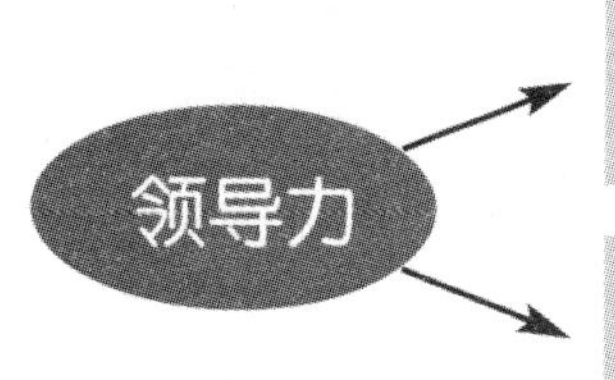

评估危险程度

鼓励合作

要如何做到这两项要务？可以参考以下维珍式方法：

（1）在自己的营运计划书里，说明自己要举

办很多宴会及社交聚会——这些方式能够非常有效地激励团队，让大家得以直言不讳，并营造出绝佳的企业文化。尽管这个方法乍看之下似乎有点轻率，不过社交聚会确实是凝聚向心力、营造出包容企业文化的绝佳方式。多年来布兰森习惯在他位于英国牛津郡的家里，为维珍集团的所有员工举办年度宴会，但是这个活动在参与人数逼近6万人后不得不停止。维珍集团中的澳大利亚维珍蓝航空，每年都会举办著名的宴会，为澳大利亚的慈善机构募款数十万美元。

（2）从一开始就要清楚了解，自己是经理人还是创业家——然后尽情发挥自己的优点。创业家生来就热爱草创时期的紧张刺激和不确定性，热衷于抢攻滩头堡，而且有胆识推动新颖的事物。相对来说，卓越经理人则是凝聚企业的力量，他们会建立制度，让公司顺利营运并且获利。一旦公司成立并开始营运之后，创业家就必须退开，让经理人接手。先了解这两个角色中哪一种最符合自己的才能和个性，然后好好去发挥。不要企图扮演自己不熟悉的角色，否则你将失败。

（3）彻底了解自己公司的状况，尤其是在公司刚成立的阶段——养成习惯亲自签署每一张支票。仔细检视每一张发票，这样你就会很快了解自己的钱都花在哪些用途上。当你持续亲自签署每一张支票，几个月下来你就会开始想哪些是不必要的费用，哪些可以没有顾虑地剔除。这项简单的管理措施能让你深入了解公司的现状。当公司开始成长，你就能对自己交办的事项提出务实建议。

（4）不断去挑战现状——以通用公司前CEO杰克·韦尔奇为借鉴，鼓励所有经理人怀抱第一天上班的心情来展开每一天的工作。让所有人欢迎并拥抱改变，而不是畏惧改变。质疑现行的工作方式，并要求大家在未来要表现得更好。

（5）试着去看员工最好的一面——感谢他们的努力，并当面鼓励他们在未来要有更好的表现。如果最后不得不开除某位员工，也要表现出体贴和共情。

（6）清楚、直接地说明决策考量——让大家了解状况，而不是坐在那儿瞎猜。尽可能让所有人都理解现状。

（7）从天生的卓越领导人身上获得启发——阅读他们的故事，学习他们的经验，并且试着追随他们的脚步。在克服强烈反对力量达成伟大成就上，像曼德拉这样的人物，就是令人钦佩的典范。布兰森也向弗莱迪·雷克爵士请教，后者在20世纪70年代凭借一己之力创设空中列车航空公司，革命性地改变了国际航空业。

关键思维

◆领导不是由一个人高高在上作出所有决策，然后要大家完全遵照他的指示行动。这样根本不叫领导，而是独裁。

◆我觉得天生的领导特质还是存在的。要信任他人并且公正地评判他人的优缺点，需要某种宽宏大量的精神；要坦承告诉别人坏消息，需要极大的勇气。要乐观接受各种可能性，拥有开阔的心胸以及强烈的自信。

——布兰森

七　负起社会责任

有一种说法叫开明的利己，我们应该加以鼓励。坚持这样做，就可在改善世界的同时获利。

多年来，我们眼见数十亿美元投入开发援助和紧急救助。但是，令人难以置信的是，目前每天仍然有超过1.6万人死于艾滋病及肺结核等可以预防或治疗的疾病。世界上仍然有半数的人每天只靠不到2美元生活，有10亿人无法取得饮用水……这些问题之所以依然存在，并不是因为社会福利及环保方面的努力及投入不够，而是因为欠缺正常的市场力量和企业，来确保最佳的构想充分实现和传播。我们也空有善意而无处发挥。

维珍推行了多项计划，设法借以改善世界：

（1）当艾滋病在20世纪80年代中期成为重大议题时，维珍推出马特斯牌保险套，借以促进英国上下注意安全性行为的重要性。

（2）公司设立了维珍联合内部慈善机构，结合维珍旗下所有事业单位的努力，共同为社会做出有意义的贡献。

（3）维珍要求旗下遍布全球的各事业单位，绝不容许进行贿赂。

（4）维珍立下了“0”的挑战目标，也就是任何一位维珍员工不要死于艾滋病，不要成为HIV病毒携带者，不要再有母亲把HIV病毒传给婴儿，以及不要让任何已经是HIV病毒携带者的员工受到歧视。任何一位维珍员工都可以免费获得抗病毒药物干预服务。

（5）维珍联合在南非的乌普玛兰加省，成立了布贝兹社区健康服务中心，提供完整的基层医疗服务。

（6）维珍在2006年成立了“战情室”，任何组织都可以参与，协助协调及调度资源，用来应对非洲撒哈拉以南地区的疾病。

（7）维珍联合正在寻找务实的方法，以帮助美国总计约 150 万名无家可归的青少年。

（8）维珍在 2007 年 2 月宣布设立维珍地球挑战奖，奖金总计 2500 万美元。只要有人开发出每年从大气层中去除至少 10 亿吨温室气体的科技，就可以获奖。这项挑战为期 10 年，任何人只要有能够处理温室气体问题的创意方法，都可以参加。在第一年，评审团就收到了 3000 多封来函表示有兴趣参加。

（9）布兰森在 2008 年应邀到联合国发表演说，呼吁全球最富有的 20 个国家仿效维珍地球挑战奖，各拿出 2500 万美元共襄盛举。他认为合计 5 亿美元的奖金将足以吸引各主要产业将它们的研发能力投到全球气候变暖的问题上。不过到目前为止，这项提议还未实现。

（10）维珍正在设立环保战情室，任何组织只要致力于通过系统、整合的方法来应对碳排放的挑战，都可以使用。

总而言之，许多企业对于攸关世界的重大问题都视而不见，而维珍在这方面的积极投入则是有目共睹的。公司对自己所承诺的事业，无论大小都会投入资金和努力。

关键思维

◆在遭受挫败之后，你的朋友就是你奋力改善个人声誉的战友。他们不只会帮你说话，还会为你挺身而出。杰出人士并不笨，想结交某人以利用其名声，是行不通的。不过杰出人士是极度慷慨和体贴的（他们自己也曾经历过这些考验，了解人生到底是怎么回事），因此不要不敢去寻求圈内前辈的建议和协助。

◆当大多数的根本问题被提出，而且员工能获得资源和权限去找出答案时，就会产生创新。

◆没有人能因为法令规定就去解决全球气候变暖的问题，而在维珍我们从来不曾忘记。

——布兰森

关键指标玩出大事业

Lean Analytics

Use Data to Build a Startup Faster

原著作者简介

艾利斯泰尔·克罗（Alistair Croll），企业家、作家和演说家。擅长领域是网站绩效、大数据、云计算和创业。已与他人共同创立多家公司。

本杰明·尤斯科维兹(Benjamin Yoskovitz)，企业家，在网络领域拥有超过 15 年经验。在 Golnstant 公司和 Salesforce.com 网站担任产品副总裁。同时也是 Year One Labs 的共同创办人和许多公司的辅导顾问。主要活动领域包括各类创业、产品经营、客户服务和社交媒体。

本文编译：黄玩

主要内容

要卖就卖顾客想要的产品

不要卖你有能力制造的产品，而是要制造你卖得出去的产品，这就是精实创业的精髓。根据企业的营运模式和发展阶段，找出关键指标，不断加以分析和验证，循序渐进地闯出你的大事业！

无论你是打算颠覆某个行业的创业家，或是想进行内部创新的发起人，你最大的挑战，就是打造顾客确实需要的产品。要知道顾客真正的需求并不容易，很多时候，连他们也不明白自己真正要什么。更糟的是，创业家或经理人往往会因为强烈的偏见而做出错误的决策。

可以运用精实分析学来改善这种状况。精实分析学运用真实数据，帮助你停止欺骗自己，让你面对不愿面对的真相，不再把时间和金钱浪费在没人想要的产品上。你可以精确判断什么产品有卖相。精实分析学不会强迫你依据数据采取行动，但它把数据摆在最醒目的位置上，让你无法忽略，防止你脱离正轨。

本文通过 30 个研究案例、百余位商业专家的卓越见解，告诉你如何让最初的构想实现，如何从你的事业中赚钱，如何让你的事业扩展到全世界。只要依循文中 4 个步骤，就能用更快速的方法打造你的大事业。

一　停止欺骗自己

要想事业成功，就必须遵从数据的引导。只要熟悉分析学的基本操作要素，便能拥有一个可以帮助你学习如何成功的工具。不要只靠期盼——要取得明确的数据，然后学习如何诠释它。

运用精实分析学的精髓就是每当你产生一个自以为不错的构想时，就设法用最少的投资快速验证它。

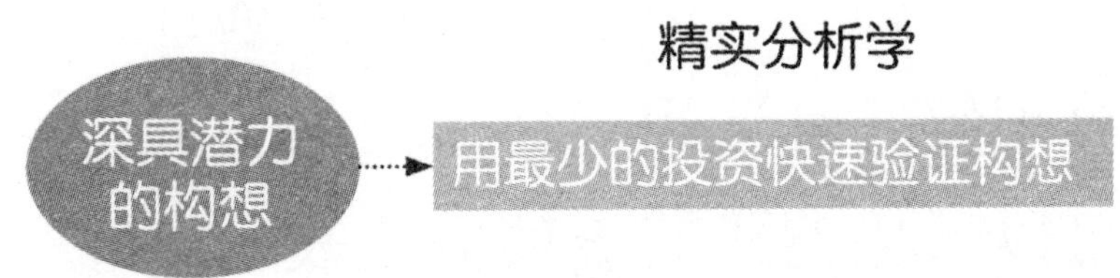

换句话说，你必须搜集数据，在自己的现实扭曲力场（你个人相信应该发生的事物）打些洞。精实分析学的操作方式是要求你在事前定义

成功应该是什么样子，然后再搜集数据证明自己的预感是对还是错。通过运用数据而非推测，你就可以根据客观、明确的依据采取行动，而不只是靠着自己的希望和信念。

在追踪数据时，你必须谨慎地避免追踪一些没意义的指标，例如你的网站点击量和网站停留时间等。相反，你应该追踪的是那些真正的指标——可以作为采取行动的根据，并且引导你在未来有不同的行为。如果你想在未来改善自己的运营模式，就要确保自己使用那些提供你信息、指引你方向的指标。

真正的指标通常会是：

◎比较性的——历经不同时期的评价。

◎可理解并且适用于你目前的业务。

◎可以用比例或等级的方式表示。

◎清楚得足以改变你未来的行为。

在决定什么样的指标对自己有用时，有一种好方法是把一切集中在一张图表式的营运计划

中。这样，你可以得到一个架构，辨认潜在风险最高的区域，并评估自己是否拥有一个可以追求的可行商机。

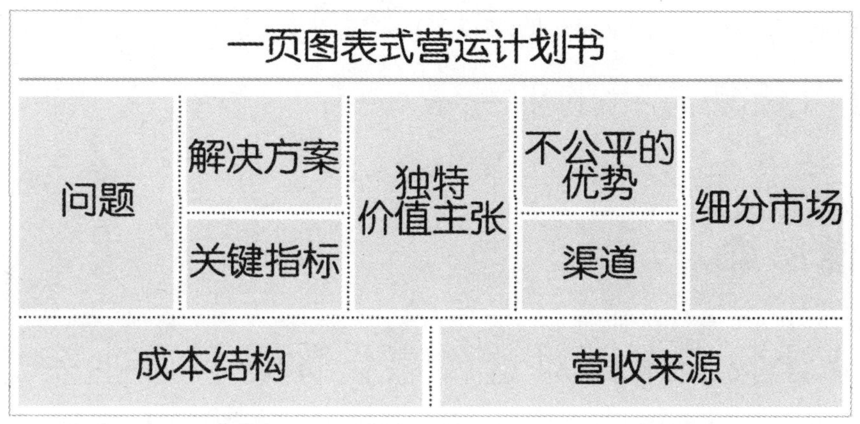

把一切整合进一张图表式营运计划书后，你就可以专注面对任何新创事业必须提出的 3 个关键问题：

◎我找到一个值得解决的问题了吗？

◎我提出的解决方案是正确的，并且比任何既有方案都还要好吗？

◎我真的想解决这个问题吗？也就是说，我赚的钱足以维持这项事业并且从中获得乐趣吗？

整个精实分析学的重点，就在于以数据为主导，帮助你做出决策，而不是只在做数据的罗列。你要避免因为搜集太多数据而陷入过度分析的窘境，你要的是运用可靠的数据，成功打造一项可以长期进行的业务。

关键思维

◆让我们来面对这件事：你是会产生妄想的。我们都会有妄想——只是有些人比其他人更严重。企业家是所有人中最会妄想的，也特别擅长欺骗自己。身为企业家，说谎甚至可能是成功的必要条件——毕竟，你必须在某件事还缺乏充分可靠的证据时，就得说服他人。你需要成为自己孤注一掷的信徒。你必须对自己说谎，但不至于危害自己的事业。这就是数据可以发挥作用的地方。

◆有时候，我们会用多种不同的方式提醒初期创业家，他们不是在打造产品，而是在打造一

项工具，用来学习应该打造什么样的产品。这种方式有助于他们从一路上小心经营的屏幕画面、程序代码和邮寄名单中抽身——转而寻找一个可以延续的营运模式。精实创业专注学习，并且鼓励大胆地思考、探索和实验。它不是漫不经心地打造、评估和学习——而是要真正了解目前发生了什么，并且对崭新的可能性抱持开放的态度。

——克罗、尤斯科维兹

二　厘清现阶段的适当指标

对你的企业来说，总会有一项指标是最重要的。至于这个关键指标是什么，则依照你的营运模式和你所处的发展阶段而定。找出这项指标，你就有一个可以专注的焦点。然后你可以在这个最重要的领域中，朝着正确的方向前进，取得显著的进展。

每个新创事业都要努力在资金用光前，找到适当的产品和最理想的目标市场。精实分析学就是针对最终目标，找到可以用来追踪进展的最重要指标。这个关键指标必须始终考虑到你的营运模式，以及你目前所处的发展阶段。

营运模式

当你把营运模式拆解时，它总是会包括五个基本部分：

◎ 顾客渠道——潜在顾客如何知道你的存在。

◎ 销售策略——你如何取信于访客，让他们从使用者变为顾客。

◎ 营收来源——你如何通过与顾客交易赚取金钱。

◎ 产品类型——你要用商品中的什么价值来换取顾客的金钱。

◎ 交付方式——你如何把产品交付给付钱的顾客。

根据以上架构，在网络及现实世界中有六种广泛使用的营运模式：

（1）电子商务。这是最普遍的营运模式，在这里访客向某家网络业者购买东西。这种营运模式可能采用的最重要指标有：

◎每位顾客的平均营收——一位顾客终生能够产生的价值。

◎获得顾客的成本——你花了多少钱让顾客造访你的网站。

◎平均订单规模——顾客每次购买会花多少钱。

◎每年的购买数量。

◎转换率——造访网站的访客有多少人确实买了东西。

电子商务要不就是专注于忠诚度（强调持续、重复购买），要不就是专注于顾客人数（一次性的买家）。找出对你来说哪个选项最重要并且能够决定成败，它会决定你的整体营销策略和你偏爱的指标。

（2）软件即服务。软件即服务英文缩写为SaaS（Software as a service）。这类事业提供随选随用或使用才付费的软件。大多数软件会提供不同的价格和多层次的订购服务。因此，软件即服务业的重要指标应该是：

◎流失率——有多少既有顾客不再考虑续约或延长订购。

◎用户的使用程度——现有的顾客中，有多少会使用所有可用的功能。

◎每个月持续产生的营收——和持续产生的成本做比较。

◎吸引注意及之后的转换率——你的网站吸引到多少新访客，这些访客有多少最后成为付费的顾客。

◎顾客的生命周期——新顾客被吸引成为付费使用者，然后邀请其他人加入他们的行列，或是转换到更高级的服务的总体时间。

（3）移动应用程序。移动设备（例如iPhone、iPad和安卓系统）的应用程序可以通过对应用程序、可供下载的内容、定制化、使用中程序的升级和应用程序内嵌的广告收费等方式来产生营收。移动应用程序的关键指标通常是：

◎下载和整体的安装数量以及启用的比例。

◎获得顾客的成本。

◎每位顾客的平均营收——直接影响顾客的终生价值。

◎付费用户的百分比。

◎流失率——用户对某个应用程序会持续使用多久，以及用户离开的原因。

（4）媒体网站。无论如何，是广告撑起了互联网。媒体网站在网络上提供人们想要的内容。它通过让访客分享广告主的信息来创造收入。它得到报酬的方式是促成造访、产生点击以及从联盟营销和直接销售中得到收入。

经营媒体网站的诀窍，就是在提供令人无法抗拒的内容和刊登足够多的广告之间取得良好平衡。媒体网站的关键指标通常是：

◎访客和流失率——有多少人浏览网站，还有他们投入的积极程度。

◎广告量——你提供的曝光次数中可以计费

的额度。

◎广告费率——你的观众对广告主的吸引力有多大以及你可以借此向广告主收取多少费用。

◎点击率——你通过网站提供的曝光次数，其中有多少最后确实为广告主创造了收入。

◎内容与广告之间的平衡。

◎转换到付费内容的比例——有多少随意或免费的访客，最后付钱以阅读额外内容。

(5)用户自创内容。像YouTube、维基百科、脸书和Reddit等网站都拥有一个可以自创内容的用户社区，网站可以用来创造收入。这种用户社区的规模愈大或愈活跃，效果就愈好。用户自创内容的网站常用指标是：

◎访客吸引力——人们回来的次数是多少，当他们回来时又会停留多久。

◎内容创造和互动的程度——用户是潜伏还是会积极创造自己的内容。你的网站在使用程度上的长期演变也是值得追踪的。

◎自创内容的整体价值——用广告数量、联盟营收或贴文数量来评估。

◎内容实际分享的程度——素材的感染力。

◎通知系统的效率——你如何让大家知道有新的内容上线。

（6）双边市场。eBay 是最知名的双边市场——它从买方和卖方两边赚钱。通过这种双边市场，你可以收取上架费、促销费和交易费。许多网络业者还会提供论坛，让买方和卖方可以在那里找到彼此。这类企业的重要指标有：

◎买方群和卖方群各自的规模。

◎新买方和新卖方数量的增加速度。

◎库存的增长。

◎搜索的效率——人们是否找得到他们想要的东西。

◎转换渠道的状况——你的市场运作效率有多高。

◎任何欺诈的证据。

◎你的定价指标——如何追踪价格，还有卖方是否因为把价格设得太低，以至于没有赚到自己该赚的钱。

发展阶段

如你所见，每种营运模式都有许多指标可以追踪，然而事实是你无法立即评估一切。要找出真正应该追踪的指标，你还必须考虑到自己事业所处的阶段。

每家新创事业都可能经过五个发展阶段：

(1) 共情——你要确保自己想解决的问题是顾客确实在意的，他们会付钱购买解决方案。要验证顾客是否在乎你所做的事，走出办公室，从真正的顾客身上收集反馈信息。至少和 15 个人谈话，向他们提出问题以明了：

◎这个问题是否造成足够大的伤害。

◎顾客是否很在乎。

◎他们尝试过哪些类型的解决方案。

如果顾客尝试且立刻付你钱来解决这个问

题，这就是相当好的信号，显示你已经瞄准了一个真正的问题。如果他们没有表现出太多的热情，那就绝对是负面的信号。小心不要提出偏向自己构想的引导式问题，要让顾客自己发挥。别忘了做笔记，以供日后参考。

（2）粘着度——要弄清楚自己推出的解决方案是否好到能让顾客愿意掏钱购买。除非顾客喜爱这个解决方案，否则推销是没有意义的。在第二阶段要打造出一个解决方案的原型，再观察顾客是否会接触你的解决方案并使用它。你必须证明顾客会如预期般地使用产品，同时你还能从产品中得到足够的价值。

达成上述目标的方法是给顾客提供一套准系统或是最低可行产品，然后反复操作，直到你得出一个会让顾客极力称赞的成品为止。这里的目标是证明你解决了一个问题，而且运用了一种鼓励用户采用并且用户也会一直不断回头使用的模式。在未来保持领先地位所需的升级产品，也应

该在这个阶段开始成形。

（3）感染力——顾客是否会把你的事告诉其他人。如果你可以从既有顾客中得到口碑，那就是非常好的信号。与花钱促销相比，口碑的感染力更强。

在感染力阶段，很明显，关键指标就是你从既有客户那里得到的新客户数量。如果你现在的每位顾客都邀请他们的朋友和同事在未来也成为顾客，那么你的成长就会得到合理的保证。

感染力可能是自然的（当顾客使用你的产品时自然出现）或人工的（由你提供诱因来让它出现）。感染力也可以只依靠口碑产生，虽然口碑难以准确地追踪，但是仍然具有价值。你必须找出感染力的类型，才能再予以扩增。

这个阶段的另一个关键指标是循环周期——顾客要花多少时间才会去邀请其他人来使用你的产品。当然，你希望这个循环周期尽可能快一点，因为愈快发生，你就能愈快成长。追踪循环周期，借以评估感染力的走势，然后设法使它加速。

（4）营收——把你的作为转变成金钱。这里要专注的是如何获得最多的营收。这个阶段的目标是从证明自己的解决方案有效，进展到证明自己可以用一种逐渐扩充、自给自足的方式赚钱。在这个阶段，你不只是在打造一项产品，更是在打造一家公司。

每位顾客的平均营收和取得一位顾客成本的差额，是这个阶段的关键指标。你必须开始关注投入的资金和从中赚取金额的比例。你要决定是否就每位顾客的平均营收、顾客数量、作业效率、购买频率或其他项目进行最佳化。你也必须注意现金流量，并且追踪达到损益平衡、能够自给自足的时间点。

（5）扩展。扩展是指你要从尝试让自己的事业成长转换到让自己的市场成长。在这里你要开始投资新渠道、新的上下游市场、新的地区等，

以努力从利基型事业转变成大型企业。在扩展阶段，你要决定自己是否可以从利基型事业转变成更大型的企业。

成熟的公司从来不曾真正离开扩展阶段。一旦你了解自己的产品和市场，你就可以依照自己的意愿来培养产业生态系统，让自己在未来有能力开发新市场。厘清你应该专注于效率还是渠道，对这个阶段很有帮助。如果你采取效率导向，就要观察、评估自己是否持续降低成本。如果你专注于差异化，就会对追踪自己利润的指标产生更大兴趣。在这个阶段，你要努力维持自己策略、战术和执行措施的一致性。

一项指标

当你厘清自己运用的营运模式和目前所处的成长阶段后，就可以选择一项（最多两项）必须真正追踪的指标，以促成自己下一阶段的成长。

关键思维

◆精实分析学背后的核心就是：通过了解你的营运模式和你所处的阶段，你就可以立刻追踪最重要的一项指标，并努力将它调整到最好的状态。通过反复执行这个流程，你可以克服许多新创公司或项目固有的风险，避免不成熟的成长，并以真实的需求、完善的解决方案以及满意的顾客为坚实基础，打造自己的事业。

◆在新创事业的任何阶段，你都可以和顾客聊聊。这样的交流不只会带给你反馈，还可能帮助你找出一些具有独特问题或需求的细分市场。

◆新创事业成功的关键之一就是要专注，并且用纪律加以维持。你或许可以在没有专注的状况下成功，但那是幸运。如果没有专注，你会花很多时间做漫无目的的游荡，付出更大代价。新创事业的成功秘诀就是专注。专注并不代表短视。我们并不是说你从有一天醒来脑中有了一个构想一直到把公司卖掉，都只关心一项指标。我

们要说的是在任何时候，你都会有一个比其他任何项目都还重要并且应该关心的指标。精实创业最根本的核心，其实就是在适当的时间、以适当的心态专注在适当的事物上。

——克罗、尤斯科维兹

三　画出明确的基准线

要聪明地运用指标，首先必须界定什么是一般水准。除非你画出这条象征性的基准线，并观察单一指标如何变化，否则你无法分辨自己的成果是好还是坏。为自己的关键指标建立一条合理的基准线，然后努力达成目标。

厘清一项最重要的指标有四个好处：

（1）你会把火力集中在自己必须回答的最重要问题上——你那个非成即败的主张。拥有这项指标会迫使你提出适当的问题并追踪自己的成果。

（2）单一指标会迫使你画出一条基准线——拥有清楚的目标，你就会拥有定义成功的方法。

（3）单一指标会让整个公司专注——让大家站在同一阵线，朝着共同的目标努力。

（4）拥有单一重要指标会鼓励进行试验——人们都了解你所追求的目标，所以他们会得到鼓励及授权去进行试验和发掘新构想。

你必须明确成功看起来像什么样子，这样你所追踪的指标才可能产生实际效果。要明白对这项指标而言，一般水准看起来是什么样子，然后再评估自己是高于还是低于这条基准线。

电子商务

电子商务网站通常有三项关键指标：

（1）转换率——整个网络零售业者的平均转换率大约是2%。如果你的比率超过10%，你就做得非常好。亚马逊网站的转换率是9.6%，订票网的转换率大约是11.2%，eBay大概是11.5%，能够追上他们的水准是相当大的成就。

（2）取消购物车——大约有65%的买家会取消他们的购物车，在这些人当中，有44%的人觉得运送费用太高，41%的人认为自己还没准备好购买，还有25%的人觉得价格太高了。如果你能提供诱因将取消的比例降低到65%以下，就算是做得非常好了。

(3) 搜索效率——搜索是目前消费者较喜欢的浏览网站方式。大约有79%的网络消费者在网络上至少用50%的时间来搜索查看你的货品。利用移动设备进行搜索特别具有成效，因为超过一半的移动搜索会演变成购买。投资一些搜索指标，追踪人们在你的网站上搜索却没找到的商品。

软件即服务

对于软件即服务的企业来说，主要的三项关键指标是：

(1) 收费与免费入会的权衡——如果你一开始就要求提供信用卡资料，那么你的访客中会有2%申请入会，而入会的人会有50%使用你的商品。如果你不要求提供信用卡资料，你可以期待访客的10%会申请入会，而入会者中最多25%的人会购买商品。这就表示你需要针对每个细分

市场，灵活地调整自己的销售策略。事实上，不要求信用卡资料可以把你的转换率提升40%。

（2）追加销售及营收的成长——如果你可以让付费订户的购买金额每个月都提升2%，你就会立刻追上那些顶尖业者。每年让顾客营收成长20%，是一项非常稳固并且有可能达成的目标。

（3）流失率——领先业者每个月的顾客流失率大约从1.5%到3%之间不等。如果你可以把每个月的顾客流失率降到低于5%，就算是做得不错了。如果顾客流失率高于这个数字，就要设法加强粘着度。

移动应用程序

有鉴于市场已经如此透明的事实，有时你能够做的就是持续注意自己的竞争者，发掘有用的部分，然后模仿他们的成功，同时也要避免他们的错误。

因此，你的关键指标应该是：

（1）下载和运行应用程序的数量——找到、

下载并真正运行你的应用程序的人数。这里没有一般水准存在，但是众所周知的情形是，有相当多的人下载了你的应用程序，却从未运行或使用它，特别是当你提供的是免费应用程序时。

（2）顾客的取得成本——一般可以接受的预算是用 75 美分的成本来吸引一位新顾客。如果你可以用更少的金额吸引到足够多的顾客，就可以在战局上取得领先。当然你还得确保自己的取得成本低于该顾客的终生价值。

（3）每位顾客的平均营收——更多的是由你的营运模式决定。免费增值应用程序——通过用户为了程序中的某些事物付费来创造营收，比起一开始收费昂贵的付费应用程序来说，具有更好的成果。注意那些和你选择运用的定价策略有关的主要指标。

媒体网站

对于媒体网站来说，关键指标是用来观察人们在网站上停留多长时间（愈长愈好），以及他

们是否应用学到的事物去做事。媒体网站会追踪的具体指标是：

（1）点击率——一般来说，谷歌的数据是2.78%，亚马逊网站是1.6%，雅虎则是1.4%。如果你可以取得5%的点击率，就算是成就非凡了。2010年全球付费搜索的平均点击率是2%。如果你的数据低于1%，你一定是有些地方做错了。

（2）上网时间——人们在你的网站上停留并接触到广告和内容的时间有多长。在内容网页的部分，大多数媒体网站的目标是超过90秒，比起着陆网页要少很多。如果人们花的时间少于一分钟，可能是你的内容不够有吸引力。

（3）内容的最佳化——许多媒体网站把内容重新变换格式，以适用于YouTube和其他视频分享网站。这样做可以创造不错的广告营收、商品销售机会和授权协议。追踪人们如何使用你的内容，通常就会发现创造营收的意外机会。

用户自创内容

如果你知道用户在做什么并设法提供更多他们想要的事物，那么用户自创内容可能是媒体网站一种非常有利可图的营运模式。要做到这点，大多数用户自创内容网站会追踪下列指标：

（1）每天的上网时间——对于粘着度和吸引力是不错的评估方式。Reddit 网站的数据是每天大约 17 分钟，这样算是等水平。Tumblr 微博是每天 14 分钟。脸书用户每天平均使用时间是 1 小时。

（2）社区导向的行动——如果你已经吸引到用户，他们会定期建议他们想看到的新功能。你对于他们构想的追踪以及加以运用的频率，也是一种不错的指标。

（3）营收来源的选择方案——不是所有用户自创内容的网站都是通过广告来创造营收。有些（例如维基百科和 Reddit）是使用捐款模式，这种方式让他们可以保持自己的价值和文化。要保

持开放的心胸，并尝试不同的策略。

双边市场

双边市场整合了电子商务和用户自创内容两种营运模式。双边市场最重要的指标有：

（1）交易规模——必须加以评估及追踪。身为市场营运者，你有绝佳的条件用这些数据来了解买家的行为，然后把这个信息传达给卖家。任何协助让卖家更成功的行动，长期下来也会带给你好处。

（2）前 10 大名单——对于自己网站上各种产品类别的销售状况和走向来说，这是一种不错的追踪方法。定期记录发生的事件及产生的变化，你就会得到市场上实在的量化数据。你可以利用这些数据来加强并引导未来的创新。

关键思维

要创造出顾客愿意使用，却又保持相当的功能欠缺，从而让顾客愿意升级购买付费版本的产品，其实是非常困难的。如果你正在创造某种顾客会重视的事物，那么你就该不吝于要求他们付费购买。如果你不这样做，你就不算建立一项事业。

——尼尔·大卫德生，英国软件公司CEO

◆现在你知道了自己的营运模式、所处的阶段，还有对自己最重要的指标。但什么是一般水准呢？除非你画出一条基准线，否则你不会知道自己是在跨越它还是被它压垮。大多数指标都有一般水准和理想水准两种。而当一种特定的商业模式从新奇变成主流的时候，一般水准也会随着改变。

◆如果我管理的是一处集市或一家店面，我会把我的分析切割成三块：台式电脑、平板电脑和智能手机。原因是使用者事实上具有三种情况：创造（通常是使用一台有键盘的电脑）、互动（通常是使用智能手机）和消费（使用平板电脑）。把平板电脑和移动电话混在一起是一项危险的错误。人们在平板电脑上购买的媒体商品比

在个人电脑上多，因为平板电脑就是他们消费这些内容的工具。换句话说，你的利益会因设备类型而异。

◆有时候，成长会来自你意想不到的业务层面。当你以为自己找到一项有价值的构想时，你就要决定如何用最少的投资为它进行快速测试。事先定义好成功的样貌，还要了解如果自己的预感正确，接下来应该做什么。

◆卖家很少有人能老练到可以分析定价、图片的效益或哪个版本卖得最好。身为拥有市场的人，你可以利用这项分析来帮助他们。事实上，你可以做得比他们更好，因为你可以取得网站上所有卖家累积的数据。个别业者或许不了解该用什么价格收费。即便他要进行这项分析，也没有足够的数据。既然你可以取得所有的交易信息，那么你就有能力帮助他们订出最佳价格，并借此提升你的营收。

——克罗、尤斯科维兹

四　将精实分析学运用于工作

如果你在自己的整个组织中实施精实分析学，那么你就能驱动企业内部进行学习。这是显而易见的好事。一个组织以数据为导向，远比以其他事物为主导好。

内部创新会成为辛苦的工作通常有以下理由：

◎任何你想得到的创新都可能吞蚀你既有的业务——人们会出现不理性的行动。

◎你必须克服对既有系统和流程的依赖。

◎有效的创新或许会打乱既有的生态系统和保护系统。

◎你的创新到最后仍然要由其他人来决定它的未来——你变得痛苦不安。

有鉴于此，当你想作为公司内部创新的先驱

时，可以运用精实分析学。

进行这项操作所包括的阶段和前文所述相同，但是有一个例外，那就是你必须加上准备阶段：

（1）认可——在你开始之前，先让资深管理团队的某个人士给你放行的信号。要提出你必须达成的成就和未来采用的评估指标，且必须具体。同时也要让资深主管明白在你逐步前进的过程中，这些指标或许会有所改变及演进。

（2）共情——开始寻找顾客未来会想要的某种事物。如果你真的想创造出具有革命性的事物，就要专注于顾客想要的某样东西。这样做可以为你指引正确的方向。同时在这个阶段也别试着发展某种业务。只需要进行分析，再让真实证据本身来说明一切。

（3）粘着度——要先了解可以用来测试的产品的最低可行样貌。一旦你找出一个值得解决的问题，就要尽快制造最低可行产品，用它来收集现实世界的数据。而你身处稳健企业享有的竞争优势，也务必运用到你的产品之中。

（4）感染力——目标从一开始就应有感染力，要加入可以创造口碑的元素和其他互动元素。如果你的构想产生感染力，就是最完美的验证。

（5）营收——确保可以和其他所有营销活动共存。当你为一项新产品设定价格时，必须小心不要对市场上的既有产品造成太大冲击。要采取一些步骤，确保在定价时考虑到自己的既有渠道、目前的经销商和其他所有因素。

（6）扩展——朝着交接给其他人的方向迈进。一旦你的产品证明了它的可行性，就可能被组织的主流部门抢走。这样也好，就让它发生吧。他们会用他们的资源来支持你的新产品。把一切交给他们，再去寻找下一个颠覆一切的大计划。

如果一切顺利的话，到最后你就不再只有一

家新创公司，你已经靠一己之力建立了可以持续生存的事业。在你做到之前，要持续评估和分析数据。

要把精实分析学变成一项竞争优势，并且把讲求数据的文化灌输到公司之中，你要做的事包括：

◎从小事做起——找到一件事，发掘它的价值，然后扩大你的影响范围。要先建立自己的信用，然后才去处理最重要的课题。

◎确保自己的目标明确——以证明是失败还是成功。

◎让事物保持简单，容易消化——运用人们可以瞬间了解的指标。那项最重要指标必须可以简单说明。

◎确保透明化——运用数据，公开进行更好的决策。

◎别忽略自己的直觉——利用直觉取得无条件的信任，然后用数据来证明成果。

◎要养成提出好问题的习惯——了解自己市场的最好时机。数字化环境的顾客所做的一切都会留下点点滴滴的数字化痕迹。学习如何专注于这些你可以取得的数据，让它们和你说话。

关键思维

◆试验——对任何规模的公司来说，只有持续学习才会成功，不论你的规模多大，或是你处于哪个发展阶段。这就是我们希望灌输给你的观念。

◆对某件事物进行评估可以让你负起责任。你会被迫面对令人难堪的事实，但你不会花费生命和精力去打造没人要的事物。

——克罗、尤斯科维兹